丛书主编　张玉金

汉字与色彩

郑继娥　著

暨南大学出版社
JINAN UNIVERSITY PRESS

中国·广州

图书在版编目（CIP）数据

汉字与色彩/郑继娥著. —广州：暨南大学出版社，2015.11
（2019.6 重印）
（汉字中国）
ISBN 978 - 7 - 5668 - 1314 - 5

Ⅰ.①汉…　Ⅱ.①郑…　Ⅲ.①汉字—研究②色彩—文化研
究—中国　Ⅳ.①H12②G122

中国版本图书馆 CIP 数据核字（2014）第 006488 号

汉字与色彩
HANZI YU SECAI
著　者：郑继娥

···

出 版 人：徐义雄
策划编辑：杜小陆　刘　晶
责任编辑：王雅琪
责任校对：范小娜
责任印制：汤慧君　周一丹

出版发行：暨南大学出版社（510630）
电　　话：总编室（8620）85221601
　　　　　营销部（8620）85225284　85228291　85228292（邮购）
传　　真：（8620）85221583（办公室）　85223774（营销部）
网　　址：http://www.jnupress.com
排　　版：广州良弓广告有限公司
印　　刷：佛山市浩文彩色印刷有限公司
开　　本：850mm×1168mm　1/32
印　　张：7.625
字　　数：150 千
版　　次：2015 年 11 月第 1 版
印　　次：2019 年 6 月第 2 次
定　　价：31.80 元

总　序

当人类从野蛮跨入文明，一些民族发明并使用了文字。如巴比伦人的楔形文字、埃及人的象形文字、玛雅人的图形文字等。我们的先人，同样也发明并使用了象形文字。

然而到了今天，其他几种古老的文字体系都消亡了，只有我们的汉字至今还存活着，并呈现出勃勃的生机。在可以预见的将来，它都不太可能被废弃。这是为什么？

传说汉字是四目的仓颉所造的。他创造文字之后，"天雨粟，鬼夜哭"，真是惊天地、泣鬼神的壮举。即使在今天，还有人把汉字的创造看成是中国人的第五大发明。的确，汉字对中华民族的贡献，怎样评价都不过分。

汉字具有超时代性，使我们后人很容易继承先人所创造的伟大文明。中华民族生生不息，中华文明薪火相传，绵延不绝。汉字居功至伟。

汉字具有超地域性，使得居于不同地域、操不同方言的人们能顺利交流，维系着我们国家的统一和民族的团结。汉字功不可没……

汉字身上，蕴藏着无穷无尽的奥秘，等待着我们去探究。

然而以往对汉字的研究，多是就汉字研究汉字，如研究汉字的本义和形体结构，探究汉字的起源、发展、结构等。有时就汉语研究汉字，探讨汉字与汉语的关系。

近些年来，一些学者开始研究汉字自身所具有的文化意义，探讨汉字与中国文化的关系。

但是，到目前为止还没有人从中国文化生态系统的角度来研究汉字。本丛书就是从中国文化生态系统的角度来研究汉字的。

所谓中国文化生态系统是指由影响中国文化产生和发展的自然环境、科学技术、经济体制、社会组织及价值观念等变量构成的完整体系。人类的活动是社会的主体，人类的文化创造可以划分为科学技术、经济体制、社会组织及价值观念等四个层次，这些因素构成文化生态系统的结构模式。与自然环境最近、最直接的是科学技术一类智能文化；其次是经济体制、社会组织一类规范文化；最远是价值观念。对人类的社会化影响最近、最直接的是价值观念；其次是社会组织、经济体制；最远的是自然环境，它对人类社会化的影响是通过经济体制、社会组织及价值观念等中间变项来实现的。

汉字是一种文化现象，所以可以从中国文化生态系统角度来研究汉字。把汉字与中国文化生态系统联系起来，考察汉字所赖以产生的整个文化生态系统及其对汉字的影响，考察汉字中蕴涵的中国社会结构、经济土壤、文化系统和自然环境等各方面的信息。

　　本丛书的创新点，不是仅就汉字论汉字、仅就汉语论汉字，也不是仅就中国文化来论汉字，而是联系它所赖以产生的整个文化生态系统，从而达到对汉字的更为深入全面的剖析。

　　本丛书从汉字与人、汉字与社会、汉字与经济、汉字与文化、汉字与自然等五个大的角度来研究汉字，共提出 39 个研究子课题，每个子课题都写成一本小书。这些子课题如下：

　　一、人：汉字与人体。

　　二、社会：汉字与婚姻家庭、汉字与宗法、汉字与职官、汉字与战争、汉字与汉语。

　　三、经济：汉字与农业、汉字与渔猎、汉字与手工业、汉字与贸易。

　　四、文化：

　　（一）物质文化：汉字与饮食、汉字与服饰、汉字与建筑、汉字与交通、汉字与玉石、汉字与文房四宝。

　　（二）制度文化：汉字与刑法、汉字与度量衡。

　　（三）精神文化：汉字与乐舞、汉字与书法艺术、汉字与神话、汉字与对联、汉字与数目、汉字与医疗、汉字与色彩、汉字与经典。

　　（四）心理文化：汉字与民俗、汉字与姓名、汉字与避讳、汉字与测字、汉字与字谜、汉字与宗教、汉字与道德、汉字与审美、汉字与思维。

　　五、自然：汉字与植物、汉字与动物、汉字与地理、汉字与天文。

　　本丛书的读者对象是具有高中及以上学历的学生和一般国人，也包括学习汉语汉字的海外华人、外国学生和一般外国人。

　　全面揭示汉字所蕴涵的中国文化生态系统信息，可以让普通民众和大中学生对我们天天使用的汉字有更为深入的了解，有利于提高基础教育和高等教育的水平，有利于提高中华民族的科学文化水平；还可以让学习汉语的外国学生和一般外国人对汉字及其背后的文化生态系统，特别是两者的关联有更多的了解，这有利于汉字汉语汉文化走向世界。

张玉金

2014.12

前　言

当我们去超市或者自由市场时，会看到琳琅满目的各种水果，有苹果、香蕉、葡萄等。苹果一般有红苹果、绿苹果；葡萄有黑葡萄、红葡萄和绿葡萄。我们常常说苹果红彤彤的，葡萄黑油油的，香蕉黄澄澄的。"红彤彤"表示红得可爱，"黑油油"表示黑而有光泽，"黄澄澄"表示金黄，这些词语都是对色彩样子的描述，其中"红、绿、黑、黄"等表示水果的主要色彩。水果有各种色彩，各种蔬菜、服装、家具也都如此，因此人们常常形容万事万物为"形形色色"的事物。可见，色彩是世间事物普遍具有的一种属性，就像大小、形状一样。当我们指称、分辨、描述事物时经常会用到色彩字。

色彩的表达形式一般被称为"色彩词"，但表示色彩的核心是"色彩字"，如表示红色的有"红、红色、红彤彤、红不拉几"等，但红色的意义是落实到"红"字上的。跟"红"一样，"黑、白、青、黄、蓝、绿、紫"等同样承载着几千年来表达事物色彩的功能。

但需要明白的是，在漫长的历史发展中，我们的先民们为什么要选择"黑"这一字符代表黑色，选择"赤"这一字符代表红色？要回答这些问题，我们就得从这些字的古老字体（如甲骨文、金文、小篆等）的构形中，分析出这些字最初的组合部件来。"黑"的构形，以前人们一直以小篆形体来分析，认为是火熏后的色彩，下面的四点为"火"，上面的部件为窗户，火气经过的通道一般为黑色，由此构成"黑"。但我们考察更早的甲骨文、金文字形，发现"黑"的构形可以这样解释："黑"，甲骨文作"✹"，突出一个人（✦）的脸（◐）；金文作"✹、✹"，增加了指事符号"•▮"，或者"⠁⠆"，强调了人身上"黑点"的特征。这些甲骨文和金文字形告诉我们，由于古人烧火烹煮时头部经常靠近火堆吹火，脸上、身上容易沾上烟灰，因此就采用"人"字形上附加"黑点"来表示黑色。"赤"的甲骨文字形为"✹"，金文为"✹"，由上面的"大"和下面的"火"会意。大火的颜色中间发红，由此表示红色。不过"赤"和"红"都表示红色，它们彼此有什么关系呢？回答这个问题必须考察这两个色彩字在历代典籍中的使用频率和组合事物的范围。研究表明，汉代之前"赤"一直是古代传统的五正色（五种纯色）之一，"红"只是表示粉红色的丝织品。到了唐代以后，"红"字使用频率增加，并且运用的物品已经不局限于丝织品，逐步具备取代"赤"的趋向，到明清时期终于取得了红色意义的代表字地位。此外，"青"字既表示绿色（如青山），又可以表示蓝色（如青天），还可以表示黑色（如青眼），这又是怎么形成的呢？回答这个问题也得从

"青"字的构形说起，并从色彩的浓淡变化方面来解释。可见，基本色彩字的构形文化蕴藏着中国先民的智慧，几千年来的使用，形成了反映中国传统思维与文化习俗的独特文化。

在学界，有很多书籍和文章都从色彩词的角度来解释其中的文化含义，但很少从字的层面去分析。其实，从字形的角度入手解释这些色彩字的形成和发展、解释色彩字字义的发展脉络是很有意义的。首先，古文字形的构形过程蕴含了先民的造字思维，分析字形可以了解中国古代的思维习惯和生活习俗。每一个国家都有表达色彩的词，但记录汉语的书面符号体系是表意性很强的汉字。汉字的表意性特点以及汉字形体连续发展的历史，又足以使我们通过分析这些字的甲骨文、金文、小篆等的构形，来探讨其构成方式以及当时人们的思维模式，这是汉字蕴含文化的独特性呈现。这样既有助于读者了解色彩字的最早面貌，还能了解它们的发展历史，有利于全面把握色彩字的用法。其次，每个色彩字在应用中形成了多种意义，我们通过分析色彩字的使用情况，可以了解中华民族对色彩的崇尚特点，以及色彩所蕴含的尊卑、五行、五德等社会思想。在跨文化交流中，色彩字的文化意义也是突显我国传统文化独特性的重要内容之一。汉语中的红色系列字（"赤、丹、朱、红"）与不同事物结合产生了红色词汇。受远古对火、血等自然崇拜与五行、五方、五色、五德等学说的多重影响，红色在中国人的心目中既具有尊贵正统的政治地位，又兼有避邪除秽的民俗魔力，同时还洋溢着吉庆祥瑞的喜庆色彩，这三大人文特征如同三个支柱，稳固地支撑着红色，使它弥久不衰，成为中国的国色，显示出鲜明而又独特的民族、国度特征。我们通过对色彩字出现的语义场进行统计，"红"字出现的语义场最多，这也印证了中国"尚红"的特征。第三，中国的色彩字文化也可以进一步丰富世界文化。我们发现每个色彩字都有两面性，既有让人喜爱的褒义，也有令人讨厌的贬义。如"黑"有"黑礼服"的高贵，也有"黑狗子"、"黑帮"等令人不快的意义；"红"有红包、红利等喜庆、盈利的褒义，也有"红眼病"引申出来的嫉妒意义；"白"有纯洁的"洁白"、"白净"，也有"白事"、"白色恐怖"等令人伤心、紧张的意义。每种色彩及其承载的意义都兼具褒义、贬义，这又是与世界语言相同的一面。

本书从最基本的十几个色彩字的形体出发，解释每个字的构成部分（又叫构件）之间的关系，以及字形的读音和意义，并从历史发展的角度分析色彩字如何从上古单音节表达逐渐发展到双音节、多音节表达事物的色彩。本书以色彩字为纲进行书写，主要分三大部分：

第一部分主要介绍色彩字的定义、产生和发展，是对色彩字发展历史的梳理。

第二部分主要为对基本色彩字，以及"黑、白、红、黄、青"序列中同一色系汉字的字形构造、意义等方面的揭示。这是为了从色彩字字形本身了解中国先民的造字理念和思维习惯，同时也有利于我们分辨色系中色彩字内在的区别。

第三部分介绍色彩字在语言及社会中的运用。

本书的特点就是以色彩字为主线，以字带词，分析色彩词语、熟语背后的社会含义，并挖掘中国汉民族的思维方式和色彩观念。

本书适合国内高中以上文化水平的读者以及对色彩感兴趣的人和研究者阅读，同时，也可帮助学习汉语的外国朋友了解相关的汉字和中国文化。

郑继娥

2014. 12

目　录

一、色彩与色彩字

（一）科学家眼中的色彩

当我们谈论某一事物的时候，经常会将这一事物和它们的色彩联系起来。比如，谈到水果，人们会想到红色的苹果和草莓、黄色的梨和香蕉等；说到植物，会想到绿树、红花；谈起动物，又会想到黑熊、丹顶鹤等。谈到结婚，中国人想到的是身着红色衣裙的新娘，以及由红、黄、橙等喜庆色彩点缀的新房；而英美等西方国家的人可能想到的就是身着白色婚纱的新娘、黑色礼服的新郎。可见，人们早已把事物和色彩紧密联系在一起。那么，为什么不同的事物会有不同的色彩？色彩又是什么呢？

色彩，也叫颜色，是不同波长的可见光作用于人的视觉所引发的印象。具体来说，我们之所以能看见五彩缤纷的事物，是因为照射到物体的光从物体表面反射回来，并经过我们眼球中的视觉神经传入我们的大脑，大脑产生的视觉印象使我们能够区分物体的模样和颜色。我们平常看见的苹果的红、香蕉的黄，其实都需要在一定的光照条件下才能看清。综上所述，人类辨色的条件主要可归纳为三项，即光线、物体反射和眼睛。

1. 光线和物体反射

光和色是并存的，没有光，就没有颜色。人类能分辨出不同事物的色彩，都要靠光，白天靠日光，晚上靠灯光、月光。在伸手不见五指的条件下，无论多么色彩斑斓的事物，在我们眼前都是黑乎乎一片，我们看不到它们美丽的色彩，所以，可以这样说，"光就是色彩的源头"。

在很早以前，科学家就已经发现光的色彩有强弱变化，并可以通过数据来描述，这种数据叫波长。太阳光按波长大小排列成的图案叫太阳光谱，包括了无线电波、红外线、可见光、紫外线、X 射线、γ 射线等几个波谱范围。人们常把光谱中看得见的那部分波称为"光"，而人眼看不到的则称为"线"。如可见光的波长在380nm～780nm，红外线的波长则在780nm～100 000nm。

人们能分辨的光叫可见光。可见光随着波长由短到长，呈现出由紫到红的色彩变化。这主要是由于波长不同的太阳光，带给人的不同的视觉感知。如波长为 770nm～622nm 时，人们感觉到的是红色；622nm～597nm 为橙色；597nm～577nm 为黄色；577nm～492nm 为绿色；492nm～455nm 为蓝色；455nm～390nm 为紫色。

像太阳一样的发光体具有自己固定不变的颜色，以波长呈现不同的色彩。那么像苹果一样不发光的物体有自己的固定色彩吗？从科学的角度来讲，答案是否定的。因为物体只具有吸收和反射特定波长光线的能力，而显示什么颜色是由其自身的物理结构和周围的光线条件所决定的。

当白光照射在有色物体上时，这些物体会对白光有选择地进行吸收和反射，反射出来的光谱成分也各不相同，这时人们就会看到不同色彩的物体。例如，红花吸收白光中的黄、青、绿、蓝、紫等色光而反射红光，所以看起来是红色的。这样说来，人们看到的物体色，就是物体对光线不吸收或少吸收而反射出来的颜色。在同样的白光下，像煤炭一样黑的消色物体，能吸收全部色光，所以呈现黑色；像白雪一样的物质能反射全部色光，所以呈现白色。某些物体由于自身的结构特点不能分解白光，但是它们在吸收部分白光的同时又反射部分白光，所以呈现出从浅灰到灰，再到深灰的消色系列，这些都是物体对白光进行非选择性吸收的结果。

物体反射白光中不同波长的光的强度是可以测量的。测量物体所反射的波长的分布范围，便可以确定该物体的颜色。例如，一个物体在700nm～760nm这段波长内有较多的反射，则该物体倾向红色；如果在500nm～700nm这段波长内有较多的反射，则该物体倾向绿色。通过测量物体反射光的方法，科学家可以很精确地推定两种物体的颜色是否相同。

当不同的光映照物体时，物体会呈现不同的颜色。日光下的消色物体有可能也会变成有色物体，如日光下呈现绿色的布料，在红光下会变成黑色，因为绿布只反射绿光，而在红光下无绿光可反射，所以呈现黑色。又如一张白纸，在白光下是白色，在红光下呈现红色，绿光下呈现绿色，如果同时打上红、绿两种色光，就会呈现黄色。这也是现代科技在各种晚会上营造不同场景色彩效果时所使用的方法。

2. 人眼的结构和三基色

人们能看到色彩，除了有外界的光和反射物质之外，最关键的是我们有一双神奇的眼睛。人有专门感知色彩的生理结构。人就是靠眼睛来获取信息的。物体反射出来的可见光经过眼睛的角膜、瞳孔、水晶体、玻璃体，到达视网膜，转换成特殊信号，经由视神经传入大脑，从而产生色觉。在这个复杂的过程中，视网膜对肉眼捕捉色彩起了最主要的作用。

视网膜上满布着能够感受光线的细胞，即锥状细胞和杆状细胞。居中的锥状细胞有分辨颜色的能力。它们能分别感受红、绿、蓝三种光波。当三种感色器官孤立地受到相应波长的光的刺激时，便产生了单一的红、绿、蓝色觉；当复杂的光波以不同的强度比例作用于各感色器官时，人体便会根据三原色混合的规律产生黄、橙、紫等混合色的感觉；当各波长的强度相同时，则产生白色或无彩色的感觉。居于边缘的杆状细胞是一种灵敏度很高的接收系统，它对弱光敏感，在黄昏时分或者光线暗淡时使人看得见东西，但分辨不出颜色。这样，眼睛只需将不同强度和比例的红、绿、蓝三色组合，便可对多种色彩产生知觉。因而红、绿、蓝可以说是人眼的三基色。利用三基色色光的相加叠合，人们基本上能够模拟自然界中出现的各种色彩，这就是著名的光学三色原理。

英国物理学家牛顿早已发现世界上本没有色彩这种物质，色彩是我们的眼睛通过对物体反射光的处理形成的知觉。可是人类是怎么去辨别色彩？是如何描述色彩的呢？这还要谈到色彩的三个要素。

3. 色彩三要素

人们看到的色彩主要由三个重要因素决定，即色相、纯度和明度。

色相是色彩（颜色）的最大特征，它能够比较确切地表示色彩的名称，如紫、红、紫红、翠绿、橘黄、柠檬黄……从光学上讲，色相是由射入人眼的光线的光谱成分决定的。对于单色光来说，色相的面貌完全取决于该光线的波长，波长不同则色相不同，如可见光谱所示的"红、橙、黄、绿、青、蓝、紫"七种光谱色，就代表了七种色相。对于混合色光来说，色相则取决于各种波长光线的相对量。如红少紫多，就会形成"红紫"；如红多紫少，则会形成"紫红"。不过，这些色彩的波长只是相对而言的，因为两个相邻色彩间的界限是逐渐过渡的。当我们说一种色彩的时候，只能是针对某一核心点的某个波长区域进行概括。如

"橙"这个色彩是以波长610nm为核心点，所以在622nm～597nm区域范围内的都属于"橙"。

纯度，也叫饱和度、彩度，是指色彩的纯净程度，它表示颜色中所含有色成分的比例。含有色成分的比例愈大，色彩的纯度就愈高；含有色成分的比例愈小，则色彩的纯度就愈低。可见光谱的各种单色光是最纯的颜色，即极限纯度。当一种颜色掺入黑、白或其他色彩时，纯度就会产生变化。当掺入的色量达到较大的比例时，以人类的肉眼去看，原来的颜色将失去本来的光彩，而变成混合的颜色。当然这并不是说在这种被掺和了的颜色里就不存在原来的色彩了，而是由于其他色彩的大量掺入使原来的色素被同化，人的眼睛已经无法感觉出来了。有色物体色彩的纯度还与物体的表面结构有关。如果物体表面粗糙，其漫反射作用将使色彩的纯度降低，而使其显得暗淡；如果物体表面光滑，那么，全反射作用将使色彩显得比较鲜艳。

明度，是指色彩的亮度。颜色有深浅、明暗的变化。比如，深蓝、淡蓝、海棠蓝、墨蓝等蓝颜色在亮度上就不一样，油绿、翠绿、墨绿等绿颜色在亮度上也不尽相同。色彩的明度变化有许多种情况，一是不同色相之间的明度变化。如白比黄亮、黄比橙亮、橙比红亮、红比紫亮、紫比黑亮。二是在某种颜色中，加白色明度就会逐渐升高，加黑色明度就会降低，同时它们的纯度（颜色的饱和度）也会降低。如黄色油漆中加入白色油漆，变成了淡黄色，亮度提高了，黄漆的饱和度也提高了；如果加入的是黑色油漆，变成棕黄色，不仅亮度降低，黄色的饱和度也会降低。三是相同的颜色，因光线照射的强弱不同也会产生不同的明暗变化，阳光下的红布会比树荫下的红布色彩更加明亮。

从光学角度看，世界的色彩分为两种体系：有彩色系和无彩色系。有彩色系中，任何一种色彩都具备色相、明度和纯度三个属性；无彩色系中的色彩仅具有明度数值，而不具备色相、纯度属性。黑、白、灰本属于无彩色系，但在实际应用中，人们直接把它们归入有彩色系。这样，无彩色系就专指那些无色、透明的色彩了。

总之，从科学角度讲，色彩就是物体反射的光波作用于人眼所引起的视觉经验。

4. 色彩与颜色

通常我们所说的色彩是从人们的经验中总结出来的概念，有广义和狭义之分。狭义的色彩是指颜色，两者一般可以互相替换，如：你最喜欢什么颜色（色彩）？你可以通过设置淡绿色的电脑桌面底色来保护眼睛。

广义的色彩既可以指人们对颜色采用色相、纯度和明度进行区分的结果，也可用来描述文学家和画家们表达的思想倾向或对某一事物的情感，如：这套梨花木家具的古典色彩很浓。

此外，人们根据体验为色彩进行分类，如发现"红、橙、黄"会给人温暖、热烈的感觉，就称它们为温暖的色彩，简称暖色；"青、蓝、白"给人寒冷、沉静的感觉，人们就称之为冷色。在表示人类的思想、情感时，只能用"色彩"，不可用"颜色"。

"颜色"除了色彩意义本身，还有一些引申意义。如在俗语"给他点颜色瞧瞧"中，"颜色"指"厉害"，因而不能用"色彩"替换。在古代诗歌中，"颜色"的用法也比较独特，如白居易的《长恨歌》中，"回眸一笑百媚生，六宫粉黛无颜色"的"颜色"指女子的姿色，也不能被替换。

可见，"色彩"和"颜色"两个词既有共同之处，也有区别。一般"色彩"的范围比"颜色"大，因此我们在这里采用"色彩"。

（二）色彩字

1. 色彩在语言中的表达方式

我们周围充满了形形色色的事物：抬头可见湛蓝的天空、洁白的云彩，低头是青绿的草地、黄色的土地，眺望大海可见碧蓝的海水、白色的浪花。人类自身也是富有色彩的，如眼珠有黑色的、蓝色的等；头发有黑色的、棕色的、金黄色的等；身上穿着的白衣黑裤、红衣蓝裙等服装是五颜六色的；吃的食物中有紫色的茄子、黄色的土豆、绿色的黄瓜等，只要我们想到某种事物，总会带上色彩或者颜色去描绘它们。

人类把对这些事物的色彩感知用语言表达出来并固定下来，形成专门用来标记色彩的词语符号，这就是色彩词，如"湛蓝、洁白、青绿、黄色、黑色、蓝色、棕色、金黄色、白色、红色、紫色"，以及"大红、浅绿、米白、米色、咖啡色"等。古代色彩的表达通常跟具体的事物联系在一起，形成很多独特的表色名物词①。比如"皮肤的白"我们就用"皙"字表示，后来"皙"字也有了白色的意思。比如《左传·定公九年》中"有先登者，臣从之，皙帻而衣狸制"。这句话的意思是：我跟着一个人先登上来，他戴着白色的头巾，穿着狸皮做的衣服。这里的"皙"就是指白色。"皙"现在已经不能单独使用，只能出现在"白皙"一词中作为其中的一个成分（词素），只有这时，"白皙"才表示白色。再如"皎"原指月光白，"茜"是一种红色的草，"驳"指马毛色不纯，"瑳"指玉色洁白，光润。"皎"现在一般只在"皎洁"中才表示月光明亮，"茜"现在只能加上"草"构成"茜草"才表示红色的植物，"斑驳"二字连用则表示不纯净的、夹杂着其他颜色的意思，而"瑳"在现代汉语中已经不用了，成为历史字了。

---

① 古代汉语中一个词常用一个字表示，古代大多表色名物词也是一字一词，因此也可以称作表色名物字，它本来应该是表示某一种色彩，但脱离了具体事物不易说清，因此必须借由具体事物加以说明。古代的表色名物字既可以表示某一事物，也可以表示某种色彩。现代汉语中的表色名物词常用几个字表达，如蛋黄色、藕白、板栗色等，不过这些词是用"黄"、"白"、"栗"等色彩字来呈现其特征的。

在汉语中，用来记录词的书写符号系统就是汉字，我们把色彩词中表示色彩或者含有色彩意义的字叫色彩字，如"湛、蓝、白、青、绿、黄、碧、黑、棕、金、红、紫、皙、皎、茜、驳、瑳"等。

是不是所有的色彩词中都有色彩字呢？要说清楚这个问题，我们还得说说词、字和音节的关系。字是中国人最喜欢用的一个天然的语言单位，我们常常以字数来衡量文章的长短，如：今天的作文要求写 300~500 个字，可他写了 1 000 个字。

一个字，从语音角度来看，就是一个音节。音节是由一个声母、一个韵母和一个声调组成的单位，如"黄"字，它对应的音节"huáng"，是由声母"h"、韵母"uang"和第二声调组成。只用一个字表示的色彩词，我们称为单音节色彩词。这时，色彩词也是色彩字，二者是一致的，如"赤、橙、黄、绿、青、蓝、紫、灰、黑、白"以及"皎"、"茜"、"驳"都是单音节词，也都是色彩字。现在，我们使用的大多数色彩词是由两个音节，或者三个、四个以上的音节构成的，也就是说大多数色彩词是由两个字、三个字，或四个字构成的。色彩词一般都含色彩字，如在"洁白、灰白、乳白、白乎乎、白不拉几"等表示白色的多音节色彩词中，色彩字"白"是词的核心。

当然，也有特例，如"肉色、米色、咖啡色、象牙色"也表示一种色彩，它们是由"事物名称＋色"构成的，通过总括意义的"色"字附着在某物上以提示人们色彩信息，但里面不含有我们上面所说的基本色彩词（字）。

色彩词、色彩字的对应情况表（以白色词、字为例）

色彩词	白	皙（古代）	洁白	银白	白皙	白色	白乎乎	白不拉几
色彩字	白	皙（古代）	白	白	白、皙（古）	白、色	白	白

色彩词和色彩字的关系，既可等同，也可不对应。完全等同，即单个色彩字充当色彩词的情况。从历史发展上看，从上古一直到中古（唐宋）以前都是这样的。唐宋时期，大量的双音节、三音节色彩词产生，其中绝大多数的色彩词是含有色彩字的。

2. 色彩字、词的分类

色彩字、词内部还可以具体划分，根据不同的标准可以分出不同的类别。

根据使用的频率，可以分为基本色彩字、词和普通色彩字、词。

基本色彩字指"黑、红（赤、朱）、黄、绿（青）、蓝、紫、灰、褐、橙"等记录人类认知色彩的基本汉字，它们是构成色彩词和单独使用率最高的字，同时，它们也可作为基本色彩词单独出现。普通色彩字指除了基本色彩字以外的其他色彩字，既有纯色的字（如"湛、苍"），也有古代通过与具体事物的联系来表色，后来遗留下来的专门表示色彩的字，如"皙、葱"等。

基本色彩词就是表示大自然中基础色彩概念的词，往往由一个字（或语素）来表示，其所指范围不包含在另外的色彩词的所指范围中，也不局限于少数物体的颜色中。如汉语的"红、绿、黄"等是基本色彩词，而"深红、草绿、咖啡色、翡翠蓝"则不是。在凡是可以察觉出色彩和使用色彩的地方，都可以发现基本色彩词的身影。"黑、白、红、黄、蓝"一般被认为是最典型的基本色彩词。现在人们又把"绿、紫、灰、橙、褐/棕"也归入基本色彩词中，这是因为这些词所表示的色彩是"黑、白、红、黄、蓝"之间混合两种定量色彩而产生的混合色，而且其色阶很稳定，具有很高的独立性。

如"黄＋蓝＝绿；红＋蓝＝紫；黑＋白＝灰；红＋黄＝橙；黑＋黄＝棕"。两种色彩的混合，只要变换其中一种色彩的量，就会产生一种偏色。在生活实践中，由于不太容易把握这种偏色，因此我们把它们叫做普通色。如"紫蓝"与"蓝红"都是红和蓝的混合色，不过"紫蓝"偏蓝，"蓝红"偏红，这些由普通色构成的词就是普通色彩词。相反，红和蓝混合形成的紫色相对稳定，具有很高的独立性，所以跟"红"、"蓝"一样，"紫"也是基本色彩词。

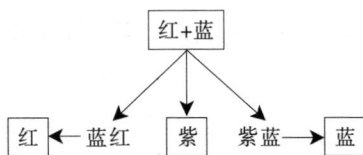

```
              ┌──────┐
              │ 红+蓝 │
              └──────┘
           ↙     ↓     ↘
 ┌──┐         ┌──┐         ┌──┐
 │红│ ← 蓝红   │紫│   紫蓝 →  │蓝│
 └──┘         └──┘         └──┘
```

两种色彩的混合

我们也可以根据事物本身的色彩是否具有选择性，将其分为具体色彩词和抽象色彩词。具体色彩词就是表示具体颜色的词，我们可以从色谱中找到其相对应的色彩，如"湛蓝"、"深绿"、"米黄"等。抽象色彩词则是人类根据自身的感觉有选择性地对其命名的词，这些词所表示的颜色在色谱中不存在，如"暖色"是人对红色、黄色、橙色等颜色的抽象概括，将其命名为"暖色"是因为人们觉得这些颜色接近火的颜色，火能带给人温暖，从而把这些颜色归结为"暖色"；而"冷色"则是对蓝色、绿色、白色等颜色的抽象概括。此外还有"白茫茫、黑沉沉、红润、白嫩"这些词，虽然这些词中有"白、黑、红"色彩字，但主要表达的是人对色彩的体会。"白茫茫"重在说白色面积大而广阔，"黑沉沉"重在说黑给人的一种沉重的压抑感，"红润、白嫩"说的是皮肤的色彩和光泽给人的一种视觉和触觉感受。这些词中的"茫茫、沉沉、润、嫩"并不是色彩所具有的客观属性，而是人类自身的主观感受。

还有一些词也带了"色"字，但不表示色彩，而是说心理上的一种感受，比如"羞色、喜色、愁色、忧色、惭色、妒色、愧色"等，这一类词属于人们对情绪、态度以及其他面部表情进行选择性加工过程中获得的一种抽象的情感性体验。类似的还包括"春色、秋色、暮色、曙色"等，这一类词是人们对周围某些景物、状况选择性加工后获得的景观性知觉。本书将主要以色彩字，尤其是基本色彩字为主线，来探讨色彩字中的中国文化。

二、色彩字产生的驱动力

色彩是不同波长的可见光作用于人的视觉所引发的印象。科学证明，只有那些能为人眼所感知的光波才能为人类表现出不同的色彩。因此色彩字的产生还要归功于人，这种具有视觉体验的高级动物，具有发达的大脑、发音器官和思维能力，能把同一类事物的共同特征和本质特征抽取出来并加以概括，也可以对多次感知到的事物之间的关系加以概括，得出其内在的关联。这种思维能力使人类祖先先去命名色彩纷繁复杂的客观物体，然后再将色彩从其所附着的事物中分离出来，形成色彩概念。再用这些色彩概念去描绘其他事物。这个过程正好与人类的生产活动密切相关。因此，汉语色彩字的大量产生是随汉民族的物质文化的发展而发展起来的。陶瓷业、印染业与玉雕业等的发展，不仅拓展了汉民族的色彩视野，而且促使汉语中产生了大量相关的色彩字。

色彩字的创造和产生，同样也离不开人们对物质文化的认识和反思。色彩字是先民在深入了解了色彩的基本概念赖以产生的手工业的基础上，"近取诸身，远取诸物"，利用一定的字符形体，通过一定的组合创造出来的。因此，每个色彩字在音、形、义的构造上，都凝结着古代人民的智慧，体现了中华民族的思维习惯和民族文化。

（一）色彩字与陶瓷业

火的使用，是人与动物的巨大区别之一。在意识到可以使用火烧熟食物的同时，古代人类也用火制造器具，并创造性地利用"火"记录了色彩。"黑"、"幽"、"赤"等字正好从字形上揭示了中国古代先民认识火、利用火的意识。

黑 hēi　甲骨文作"　"，突出一个人（　）的脸（　）；金文"　"增加了指事符号"　"，强调了"黑"字有"污点"的特征。金文"　"在"人"字的脸上、身上（　）加上了指事符号"　"，表示浑身上下都沾有污点。古人烧火烹煮时，经常靠近火堆吹火，因此脸上、身上容易沾上烟灰。"黑"的甲骨文、金文的字形正好表现了烟灰沾在脸上、身上的人的形象。

在早期的彩陶和岩画上我们可以看到先民使用黑色颜料的痕迹。这说明，人类很早就认识了黑色，而且在有意识地使用黑色。"黑"是一般语言中最早出现的色名之一。① 考古发现，6 000年前的半坡遗址是半地穴式的，即在地底下掘室，地上部分

---

① 转引自肖世孟：《先秦色彩研究》，北京：人民出版社2013年版。

搭起屋盖（房屋最上部的围护结构），室中央建火塘。这也可以说明"黑"是借人脸上、身上的黑点来表示汉字字形的。

幽 yōu　甲骨文作"🐛"，金文作"🐛"，由两个"幺"和一个"🔥"（火）组成。"幺"是细丝，两条细丝（🐛）表示微小，合起来表示火光微弱，由此产生幽暗的意思。① 日本古文字学家白川静（2010）认为"幽"的字形为"火烧二幺（细丝），使之变黑"。不论哪种解说，都提到了"火"这一部件。

赤 chì　甲骨文作"🔥"，金文作"🔥"（赤鼎）或"🔥"（吴方彝盖），都是"大、火"字符的会意。大火的颜色是火红色的，古代先民借用火红色来表示红色这种抽象色彩，这也正是"赤"的本义。

灰 huī　《说文解字》（以下简称《说文》）："死火余烬也。从火，从又。"其字形最早用"🔥"表示。"又"在古代是"手"的意思，"灰"就是火烧灭后剩余的东西，这种东西可以用手拿着。先民会用火，也熟

---

① 参见象形字典，http：//www.vividict.com/WordInfo.aspx? id = 2464。

悉柴火燃烧后剩下的物质。从灰烬的色彩，联想到用此物表示"灰"的色彩意义，这种创造字的方法同样也反映了先民巧用身边常见的事物表示抽象色彩的高超联想力。

火不仅可以烧熟食物，也可以烧制生活器具。古代所用的陶罐陶壶、瓷碗瓷盘都是生活用品。我国是陶瓷生产大国，陶器、瓷器的生产都离不开火的高温烧烤。而其色泽多样是由不同的温度决定的。早在距今五六千年的新石器时代，我们的祖先就开始制造和使用陶器。当时的陶器主要以黑、白、红为主。考古发现，仰韶文化遗址中的粗陶是表面为红色的陶器，表里磨光，并有彩绘，考古学称这个时期为彩陶文化时期。在距今四五千年的龙山文化遗址中，发现了外黑内红的陶器，因此有黑陶文化之称。商周时期，陶器大多为灰陶，还有一些精致的白陶。汉代之后，出现了瓷器代替陶器的局面。

陶和瓷经常并称为陶瓷，实际上二者是有区别的。陶器是用黏土捏制，经500℃~600℃的低温烧成的器具，质地比较粗松。根据涂饰色彩的方式，分彩陶和彩绘陶：彩陶是在坯体上使用矿物颜料绘制而成的，焙烧后矿物颜料和陶土混为一体，颜色经久不落；彩绘陶是在烧好的陶器上加以彩绘，使用的彩绘颜料往往要加入胶质物，使彩料不易脱落。

瓷器是用瓷土制成毛坯，经过1 000多度高温烧成，质地坚硬，而且表面施了釉，色彩斑斓。"釉"字"从采，由声"。釉是一种有光的物质。它由矿石制成，涂在陶瓷半成品表面，火烧后可熔化成液体，冷却后形成一种玻璃层，使器物有光泽，看上去光彩照人，也增强了器具的坚硬度和绝缘性能。瓷器上的各种颜色，是由铁、铜、锰、金等金属物质形成的。制造瓷器，除了要求对含有特殊的矿物质的瓷土表面加釉外，高温火烧也是非常重要的一道工序，因为陶瓷的色彩都要靠高温加热来实现。由于露天烧制瓷器会受热不均，陶器表面会显现出红褐、灰褐、黑褐等不同颜色。后来用窑来烧，火力均匀，便烧出颜色均匀的瓷器。因此"窑"成为我国陶瓷生产基地的代名词，如官窑、定窑、钧窑、哥窑等。由此可见，瓷器的工艺非常复杂，对技术的要求也很高。

瓷器的前身是原始青瓷，它是陶瓷向瓷器过渡的产物。最早的瓷器产生在距今3 500多年的商代中期的中国浙江，当时带有青釉色彩的原始瓷器已经烧出，但从胎骨、施釉和火候的掌握来看，还不够精细。直到东汉时期，我国才出现真正的瓷器。汉代开始，我国制瓷业真正进入发展和繁荣时期，以浙江越窑产的青瓷最为有名。北魏统一北方后，今河南、河北地区开始生产青瓷和黑瓷。北齐时出现了白瓷，从而为瓷器业的发展开辟了一条广阔的道路。因为有了烧白瓷的技术，才能有色彩缤纷的彩瓷。隋、唐两代，瓷器生产形成了"南青北白"的格局。著名的唐三彩是以红、黄、蓝为主的瓷器，虽然是低温烧制而成，但它色泽鲜明亮丽，呈现出深绿、浅绿、翠绿、蓝、黄、白、褐等多种色彩，而且造型生动逼真，显示了盛唐文化的韵律，成为古代瓷器艺术中的精品。

中国是世界上最早发明瓷器的国家，也是瓷器制作技艺最早成熟的国家。瓷器于隋唐时期开始出口东亚、东南亚国家。明清时期，欧洲贵族以拥有中国瓷器作为富贵和时尚的象征。瓷器上有中国特色的花鸟虫鱼、人物故事等精美的造型，以及缤纷的色彩，这使得瓷器成为中国文化最闪亮的名片走向海外，也使中国拥有了"瓷国"的美称。

（二）色彩字与纺织、印染业

原始社会时期，人们主要以兽皮羽毛、树皮草叶遮身庇护。其中，天然织物和动物皮毛最为常见。由于这些织物不易着色，人们也不会对服饰产生过高的色彩要求。然而，随着人工纺织业、印染业的发展，人们对色彩的多样性需求越来越大，色彩概念也越来越受到关注，人们迫切需要给不同色彩的织物命名，因而创造出许多记录不同色彩织物的汉字。商周时期，已经有黑、白、赤、黄、青几种色系的十几个色彩字。我们从这些字的字形中可以发现与"人工织物"这一义素相关的信息，如甲骨文中的"幽"，金文中的"玄"、"素"、"紫"等都带有表示小丝、细丝的"幺"或"糸"。

幽 yōu　在甲骨文、金文中表示黑色。其金文字形为“”，由两个“”和一个“火”构成，不管解释成用火烧两条细丝而产生昏暗的光，还是解释成“一小点黑”的“黑”，都说明丝线和火在原始社会中已很常用。

玄 xuán　金文为“”，小篆为“”。《说文·玄部》：“黑而有赤色者为玄。”本义为红黑色的丝织物，即赤黑色，后泛指黑色。

素 sù　金文为“”，小篆为“”，字形由“”（纹理细密）和“糸”（细丝）组成，表示未经加工的、细密的本色丝织品，如“十三能织素，十四学裁衣”（《古诗为焦仲卿妻作》）中的“织素”就是织布，后来引申为白色。如《诗经·召南·羔羊》：“羔羊之皮，素丝五纶。”毛传：“素，白也。”

紫 zǐ　金文为“”或“”，小篆为“”。《说文·糸部》：“帛青赤色。从糸，此声。”意思是青红色的丝织品。清代段玉裁在《说文解字注》中说，青有“黑色”的意思，把红色放入黑色中，就会产生紫色。

"紫"色专名在《尔雅》时就已形成。《尔雅·释草》："藐，紫草。"即紫色的草，是一种花紫根紫的草，可以染紫。从对"藐"的解释看，"紫"可放在"草"前对其进行修饰，说明"紫"在当时已是色彩字、色彩词了。

到了汉代，人们对人工服饰材料的着色区别更加细致，可从《说文》"糸"部下所收录的40多个形声字中看出。①以下是表示纯色的：

缚：束也。从糸，专声。

缟：鲜色也。从糸，高声。

絑：纯赤也。从糸，朱声。

纁：浅绛也。从糸，熏声。

绌：绛也。从糸，出声。

绛：大赤也。从糸，夅声。

绾：恶也，绛也。从糸，官声。

也有表示某种颜色的帛的，如：

绿：帛青黄色也。从糸，录声。

红：帛赤白色。从糸，工声。

缥：帛青白色也。从糸，票声。

---

① 《说文》"糸"部下共257个字，表色的字共42个。

缙：帛赤色也。从糸，晋声。

绯：帛赤色也。从糸，非声。

緅：帛青赤色也。从糸，取声。

还有表示某种颜色的绶带或者线的，如：

绂：绶紫青也。从糸，吕声。

纶：青丝绶也。从糸，仑声。

绶：绛线也。从糸，侵省声。《诗》曰："贝胄朱绶。"

以上所提到的这些形声字，大多是左边用"糸"表示丝织品类别，右边加上一个声符组合而成的，从中可以看出人们对布帛色彩区分得何等细致，反过来也充分表现出纺织业对色彩字的产生影响巨大。实际上，随着养蚕业、纺织业的普及和发展，人们对人工织品的色彩要求越来越高。而纺织品的着色，与当时人们对植物汁液染色功能的了解及印染技术的掌握息息相关。

从采集树木花草的果实开始，人们已经注意到植物茎叶的汁液可以染色，如"蓝"染蓝色，"蒐（茜）"染红，"荩（王刍）"染黄，"藐"染紫。

蓝：染青艸也。从艸，监声。这是说：染青色的草叫做"蓝"，是形声字。先秦时期将可制取靛青的植物称为"蓝"，一般熟知的是菘蓝、蓼蓝、马蓝等几种。

蒐：茅蒐，茹藘。人血所生，可以染绛。从艸，从鬼。也叫"茜"。茜，茅蒐也。

荩：艸也。从艸，尽声。桂馥《说文解字义证》说"荩草味苦，可以染流黄作金色"。《尔雅》称之为"王刍"。

藐：茈草。郭璞注："可染紫。"

此外，布料染黑可用荩草、皂斗等。

我国的纺织业与印染业息息相关。丝、布的色彩主要靠浸染获得。

"染"字是汇合几个意符所构成的会意字，从水、从九、从木。据南唐文字训诂学家徐锴解释，"九"表示浸染的次数，并不是实数，是指多次。"水"表示以水浸染，"木"表示染料主要来自于植物。先秦时期的染色法，从色彩的原料来源分可分为"草染"和"石染"。草染指利用植物进行染色，植物染料被称为染草，有蓝草、茜草、紫草和皂斗等。石染指利用有色矿石进行染色，如利用丹砂、石青等材料。

草染主要通过人工浸揉的方式，将布料、丝绸等纤维制品和摘下的带色鲜叶在石板上一起搓揉出汁，或者将植物叶捣成汁，以这些叶汁浸染织物，得到相应的颜色。如果色彩效果不理想，可以反复多次浸染，这也叫"复染"。草染的盛行，说明人们对植物有很深入的了解。

"青，取之于蓝，而青于蓝"（荀子《劝学》）中的"青"指蓝色，"蓝"指蓝草，是一种一年生草本植物。其茎红紫色，叶椭圆形，花淡红色，果实黑褐色。《诗经·小雅》："终朝采蓝，不盈一襜。"意思是：整个早晨去采蓝，采不满身前一围裙。蓝草二三月种植，六七月成熟，叶子为绿色，碾碎后变成蓝汁。人们开始时只是将揉碎的蓝叶和织物放在一起浸染，或将蓝草叶发酵后挤汁，用澄清的汁液浸泡丝帛。第二种方法北魏农学家贾思勰在《齐民要术》中有详细记载：先把割下来的蓝草倒竖于坑中，并用木、石压住，使蓝草全部浸在水里，浸泡时间为"热时一宿，冷时两宿"。然后将浸液过滤，按 1.5% 的比例加石灰水，并用木棍急速搅动，等沉淀以后倒掉上面的水。放置成稠粥状时，就制成了靛蓝。靛蓝色是深蓝色的一种，是中国人千百年来都喜爱的一种颜色。

草染的方法主要是以红染红，以黄染黄，而颜色深浅主要由浸染的次数决定。文献中记载着不同红色的染法以及由红染黑的浸染过程。

《周礼·考工记·钟氏》记载："一染谓之縓，再染谓之赪，三染谓之纁。"说的就是利用茜草来染红色的情况：浸染一次产生浅红色，起名縓；浸染两次成为红黄色，起名赪；浸染三次后得到红色，起名纁。

《周礼·考工记·钟氏》提到"三入为纁，五入为緅，七入为缁"，这是由红色染黑的做法。根据东汉经学家郑玄的猜测，中间所缺的"四入"、"六入"分别是"朱"和"玄"。因此染黑的过程可以这样解释：利用第三次的纁加黑色染料继续浸染得到青紫色，红多黑少，名为緅；第六次用緅继续加黑色染成紫黑色，即黑中有红，名为玄；第七次再加入黑色浸染成为纯黑色，名为缁。据说在春秋时期，古人已经掌握了染色的复杂技术。不同浸染次数能产生不同的色彩，且有固定的名称，这说明了当时浸染技术的先进。

上述黑色染汁，与"涅"有关。《荀子·劝学》提到"白沙在涅，与之俱黑"，意思是白沙在黑土上，会跟黑土一样变成黑色。其中，"涅"指水中的黑土，是一种可以做黑色染料的矾石。《说文》："涅，黑土在水中也。从水，从土，曰声。"涅有两种形态，一是黑土，字形中含"土"，用来表意。另一种形态是硫酸亚铁晶体，也叫皂矾、绿矾，它的媒染效应可以让人们观察起来比较直观。它本身不黑，但因含硫酸亚铁，在和其他染料结合时，会因化学作用而产生黑色沉淀。如人们用红色染料染出缥色物，再加入涅，就变成了黑色。再如用茜草染红色时，茜草的着色能力很差，而加入涅后，就可染出鲜亮的绯红。人们对媒染剂的认识和使用，说明了染织水平的进步。

北魏贾思勰的《齐民要术》记载，当时已经创造出制备染料的"杀红花法"和"造靛法"。隋唐时期，纺织品的染料普遍采用植物染料，且衣服的颜色已经成为官员等级的主要标志。明清时期，中国所产的"冻绿"① 已经闻名世界，被称为"中国绿"。四大名著之首的《红楼梦》前八十回就用了155种色彩词来描绘各种色彩，可见色彩与人们生活紧密相关。伴随着印染、蜡染技

---

① 冻绿，落叶灌木或小乔木，高可达4米；小枝褐色或紫红色；叶纸质，对生或近对生，椭圆形、矩圆形或倒卵状椭圆形；核果圆球形或近球形，成熟时黑色，具二分核；果和叶内含绿色素，可做绿色染料。

术的发展，现代新材料、新技术的发现与发明又使家具、服饰的色彩变得丰富多彩。

值得一提的是，隋代之前大量的表色名物字的出现达到了高峰，这些字到了现代大多都成了历史字，这是为什么呢？原因可能在于人们对色彩的认知能力以及抽象概括的能力提高了，"黑、白、红、黄、青、蓝、紫"等基本色彩字足以概括世界上的色彩，其地位已经非常稳固。二是基本色彩字组合灵活，单个或者彼此搭配就可以记录纷繁复杂的各种色彩。而且，这些基本色彩字和总括性色彩字，前面可加上各种事物名称用以限定，如此表达色彩会更清楚、更经济，例如"乳白（色）、炭黑（色）、玫瑰红"等。这样，人们再也不需要逐一记忆那些种类繁多的表色名物字、词了。随着人们不再热衷于分辨丝织品的各种名称，而这些名称在语言中也不再使用了，专门的表色名物字也就逐渐沉寂了下来，淡出了人们的认识范围，变成历史字，如不查阅字典就不认识，也不知道怎么读。

（三）色彩字与矿产业

人们在长期的生产实践中发现，有的矿石可以做颜料，或者制成染料。据《中国大百科全书·纺织卷》记载：在上古时代人们将彩色矿石研磨成粉状颜料，涂染服饰。《周礼》等记载，周代已有赭石、朱砂、空青（青琅玕）等颜料品种。

赭 zhě　《说文》："赭，赤土也。"《诗经·邶风·简兮》："赫如渥赭，公言赐爵。""赭"本是一种土状赤铁矿石，一般呈暗棕色或赤褐色，赭粉可以做红褐色颜料，后来"赭"用来表示红褐色，比如汉代的犯人穿的囚衣就是"赭衣"。

丹 dān　甲骨文为"𠙶"，金文为"𠙾"，小篆为"月"。《说文·丹部》："巴越之赤石也。象采丹井，一象丹形。凡丹之属皆从丹。"①意思是：巴郡、南越的红色石头，字形象采丹石的井，也象丹砂。《吕氏春秋·诚廉》："丹，可磨也，而不可夺赤也。"意思是：丹可以打磨使之变形，但它的红色是去不掉的。"丹"本指一种红色石头，即丹砂，也叫朱砂。它的化学成分为天然硫化汞，是一种朱红色或棕红色的矿物质，也是炼汞的主要原料，通过直接研磨、漂制而成红色颜料。后来"丹"可以单独表示红色，如"丹顶鹤"的"丹"就是红的意思。

青 qīng　金文为"𡇳"或"𡇰"，小篆为

---

① 董莲池认为"丹"字呈现出竹筒内盛放着丹砂的形状，见董莲池：《说文部首形义新证》，北京：作家出版社 2007 年版，第 131 页。

"青"，从字形看，木生火，从生、丹。徐灏《说文解字注笺》"青"字笺："丹砂，石青之类，凡产在石者，皆谓之丹。"①《山海经·大荒西经》有"白丹"、"青丹"之说。东汉张衡《东京赋》提到"黑丹石缁"等，大概"丹"为总名，故"青"从丹声，其本义为可做颜料的矿石。这种矿石又叫"青䨼（huò）"，是共生的蓝铜矿和孔雀石，即石青和石绿。"青"可以用来制成青色颜料，后来单独表示青色。由于丹、青这两种颜色是中国绘画中常用的颜料，因此"丹青"也泛指绘画艺术。

（四）色彩字和玉雕业

玉石质地温润而坚硬，具有阴柔与阳刚合二为一的特性，正好符合中国先民阴阳二元相辅相成的宗教意识和审美意识，因此很早就被人们用来作为敬神的器物。在距今 5 000 年左右的南方太湖流域的良渚文化中，记载着人们用圆形的玉璧来祭祀上天，用外方内圆的琮祭祀大地的历史。后来儒家认为玉石的特征符合君子"仁、义、礼、智、信"等道德标准，产生了美玉载德的审美情趣，因此读书人和做官的人纷纷以佩玉为时尚。在雕刻祭祀

---

① （清）段玉裁注，（清）徐灏笺：《说文解字注笺》（续修四库全书），上海：上海古籍出版社 2002 年版，第 534 页。

的玉璧和玉琮以及各种佩玉时，雕刻大师非常注重玉石的颜色。玉石可分为硬玉和软玉，硬玉主要指翡翠；而软玉则有白玉、青玉、碧玉、黄玉、墨玉等。

在玉雕业的发达时期，人们根据玉石颜色的特点创造了一些不同的玉石名，由此出现了很多与玉石的颜色相关的字。如"碧"指青美的玉石；"瑕"指玉石上的红色小斑点，即瑕疵，因此有"白璧微瑕"、"纯洁无瑕"、"瑕不掩瑜"等成语；"琼"指赤色玉；"璃"指玉石的红色；"瑳"指玉色鲜白；"玼"指玉色鲜艳；"莹"专门指玉的光洁；"琰"指玉璧上美丽的色彩。这些带色彩的玉石名称或玉石的色彩形容词，正是人们"借物呈色"，即通过具体事物认识色彩的反映。这些汉字都是形声字，选用"玉"作为意符表明了事物的类别，通过音符区分了不同的色彩，这种造字思维非常缜密，反映了先民对自然万物的认知。

总之，色彩的普遍存在使人类所涉及的各个领域都可能成为色彩字产生的源泉。除了陶瓷业、纺织业、印染业、矿产业、玉雕业外，还有绘画、汽车、皮革、纸张、塑料、家具等制造业，美容化妆业、服饰设计业，以及水果、肉类等品级确定，农作物、花卉的培育，医疗保健，天文气象，军事伪装，影视、戏剧中的造型设计等，都可以从不同的角度为色彩字的产生提供源源不断的养料。但无论色彩如何多样，用来记录色彩的核心字还是基本色彩字。色彩字的产生、发展和使用与社会的发展、人们表达的需要密切相关。

三、色彩字的发展演变

中国到底有多少个色彩字？由于色彩字是记录色彩词的主要成分，因此要回答这个问题，就必须了解色彩词的发展和变化。

现代色彩词的数量，是从古代逐渐积淀，又随着时代的发展不断增加的一个变量。从横断面来看，任何一个历史阶段，色彩词的名称、数量一定会不同，色彩字也会产生相应的变化。要想知道色彩字的发展演变，我们可以选用不同的历史时段中具有代表性的资料或者著作，通过分析其中收录的色彩词来分析某一时段色彩字的情况，如商代可选取甲骨文材料；周代可选取金文和《诗经》；秦至西汉可选取《尔雅》；东汉可选取《说文解字》；隋唐前采用已有研究成果；现代可选取《现代汉语词典》，最后把这些色彩字、词的结果连缀起来分析，就可看出色彩字、词的演变与数量更替的大致情况。

（一）色彩字的发展

1. 甲骨文、金文中的色彩字、词①

甲骨文是迄今为止发现的最早的汉字，它刻在龟甲兽骨上，是商代晚期占卜和记事用的文字。甲骨文中的词都由单音节词构成，所以色彩字就是色彩词，其中属于基本色彩字的有"黑、幽、白、赤、黄"四种色系的五个字。其中，"幽"和"黑"同义，都表示黑颜色。"幽"只用于形容"牛"，而"黑"用于形容"牛、羊、豕、犬"，后者修饰与形容的范围更广。普通表色字有"勿"（杂色）、"戠"等，这些色彩字也是色彩词，主要用在表示动物的名词前限定其颜色。

金文指刻在青铜器上的文字，主要属于商、西周、春秋战国时期的出土文献。金文中的色彩字和色彩词也是字、词一致，主要用"幽、玄、旅（lú）"表黑色，"赤、朱、彤、纁"表红色，"青、葱"表青绿色，"白、素"表白色，还有"黄、紫"两种颜色。金文中的黑、红、绿、白的颜色概念比甲骨文中的更清晰、明确，金文中出现了一种颜色用两个或两个以上的文字（尤

---

① 这一部分主要参考了刘书芬的《甲骨文中的颜色形容词研究》、姚小平的《基本颜色词理论述评——兼论汉语基本颜色词的演变史》、王宝利的《殷周金文颜色词探析》三篇论文。

指字形）进行区分的现象。红色用字最多，"赤"表正红，"朱"表深红，"彤"跟"赤"接近，"纁"表示黑红色。红色系列字多，也证明了《礼记·檀弓上》"夏后氏尚黑……殷人尚白……周人尚赤……"的记载。另外，金文中的色系种类比甲骨文中的多，出现了表示绿色的"青"和"葱"，"紫"也出现了。

金文中有些色彩词是由词语的引申义发展而来的。如"素"，原来表示未着色的丝织物，后来抽象出"白色"或"无色"的意义。"彤"由"用红色装饰"的行为，逐渐转指行为的结果"红"。这些变化都说明了色彩词从具体到抽象的发展。多数色彩词的使用有一定范围，如"纁"只修饰衣服的"里"子，"旅"只修饰"弓、矢"，"白"几乎只修饰"马"，"玄"有一半见于"玄衣"，"赤"大多修饰"芾"，"朱"主要修饰"黄（磺）"。

色彩字还出现在专有事物名称中，如"赤金、彤矢、彤弓"。"赤金"不是指红色的金属，而是专门指铜。古代的金属按颜色分为："黑金是铁，赤金是铜，黄金是金。"（南朝梁江淹《铜剑赞》）西周早期的《麦方鼎》提到"麦易（赐）赤金"，即麦受赐赤金（箱）。还有"彤弓"、"彤矢"，指红色的弓箭，后来特指古代天子用来赏赐有军功的诸侯或大臣的信物。这是古代的一种礼仪制度，"彤弓"还可以用来珍藏，留给子孙，以显示祖先的功勋。如《诗经·小雅·彤弓》所记：

彤弓弨兮，受言藏之。我有嘉宾，中心贶之。钟鼓既设，一朝飨之。

彤弓弨兮，受言载之。我有嘉宾，中心喜之。钟鼓
既设，一朝右之。

彤弓弨兮，受言櫜之。我有嘉宾，中心好之。钟鼓
既设，一朝酬之。

《彤弓》这首诗形象地反映了周代的赏赐制度：在周天子举
行的大型宴会上，天子将彤弓赐予有功劳的诸侯。

"彤管"指红色笔杆的毛笔，是古代女史用以记事的工具。
如《诗经·邶风·静女》中"贻我彤管"，意思是赠送我红杆
毛笔。

2. 《诗经》中的色彩字、词①

金文资料大多来自考古发掘，属于出土文献。与金文同时代
的传世文献是《诗经》。《诗经》是我国最早的诗歌总集，共收入
西周初期到春秋中叶五百年的诗歌。其作为传世文献，是我们研
究上古时代色彩字、词的最好的材料。根据已有研究（李顺琴，
2011)，我们在下表中列出《诗经》里所用的色彩字（词）的使

---

① 主要参考李顺琴、李兴奎、潘玉华：《〈诗经〉颜色词研究》，《云南农业
大学学报》（社会科学版）2011 年第 5 期。

用频率情况①。

《诗经》色彩字（词）频率统计表

白色类	字频	黑色类	字频	红色类	字频	青色类	字频	黄色类	字频	其他	字频
白	23	玄	6	朱	9	绿	9	黄	39	骐	7
素	12	缁	4	赤	7	葱	1	皇	1	骆	6
皎	6	骊	4	骍	6	青	5	金	1	骃	2
皓	2	青	3	彤	5	苍	13			雒	1
		黑	2	奭	2					骏	1
		幽	1	丹	1					驈	1
		苍	1	赫	1					骓	1
				赪	1					骃	1
				炜	1					骊	1
				赭						雒	1
										騵	1
										鱼	1

从上表可以看出，《诗经》中共出现了多个纯粹表颜色的字（词），五大基本色彩范畴都已囊括，它们共同形成一个聚合，如白色类有"白、素、皎、皓"4个字，黑色类有"玄、缁、骊、

---

① 由于上古时代以单音节词为主，一个音节表示一个汉字，因而这里采用"色彩字"的说法。

青、黑、幽、苍"7个字；红色类最多，有"朱、赤、骍、彤"等10个字；青色类有4个字，是"绿、葱、青、苍"；黄色类有3个字，"黄、皇、金"。

《诗经》中的色彩词多为单音节词，色彩字几乎跟色彩词数量一致。"青"既表示黑，又表示绿。"苍"字出现时有两种情况，既表示"黑"，又可表示"蓝"和"绿"，如"悠悠苍天"中"苍天"表示蓝天；"蒹葭苍苍"中"苍苍"作为叠音词表示蒹葭绿叶繁茂的样子。

在《诗经》中出现了"皎皎、苍苍、皓皓、青青、黄黄"等表色彩的叠音词，结构类似于现在的"哥哥"、"姐姐"，可以单用，也可叠用，开创了中国叠音词使用的先河。这些表示颜色的叠音词具有特殊的功能：从内容上看，主要用来描摹色彩，增加事物形貌的生动性；从形式上看，主要用来制造特殊的音乐美，使声音美妙悦耳；从情感表达上看，这些叠音词还可以增加对描述对象的主观态度，表达颜色的叠音词都含有人们主观的喜爱之情。

此外，《诗经》中也产生了不少表色名物词，即表中倒数第二列所显示的内容，集中表现在《诗经·鲁颂·驷》中：

> 驷驷牡马，在坰之野。薄言驷驷者？有骊有皇，有骊有黄，以车彭彭。思无疆，思马斯臧！
> 驷驷牡马，在坰之野。薄言驷驷者？有骓有駓，有

骍有骐，以车伾伾。思无期，思马斯才！

骃骃牡马，在坰之野。薄言骃骃者？有骓有骆，有骝有雒，以车绎绎。思无斁，思马斯作！

骃骃牡马，在坰之野。薄言骃骃者？有骃有骐，有骡有鱼，以车祛祛。思无邪，思马斯徂！

这是首颂马的诗歌。全诗四段，赞美了各类马，借马来比喻鲁僖公喜欢有才能的人，并招揽了很多英才。人们根据马的毛色以及毛色的位置来为其命名，如：

"骃"指身长体壮的马，即骏马。

"骦"指白屁股的马。

"皇"指毛色黄白色的马。

"骊"指纯黑色的马。

"黄"指黄白色的马。

"骓"指毛色青白相间的马。

"驱"指毛色黄白间杂的马。

"骍"指红黄色的马。

"骐"指青黑色相间、花纹如棋盘格子的马。

"骓"指有鳞状黑斑纹的青毛马。

"骆"指黑鬃毛的白马。

"骝"指有黑鬃、黑尾巴的红马。

"雒"指白鬃毛的黑马。

"骊"指浅黑并间杂有白毛的马。

"骎"指红白色的杂毛马。

"骥"指黄色脊毛的黑马；另一解释指脚胫有白色长毛的马。

"鱼"指两眼有圈白毛的马。

这些用来形容不同颜色的马的汉字，后来也被用来表示颜色，如"骍"原来指"红黄色的马"，后来专指红色；"骊"原来指"纯黑色马"，后来专指黑色。这些马的名称现在已经不大使用了。成语"飞黄腾达"中的"飞黄"指古代神话中的神马，其中"黄"可能就是"黄白色的马"。

3. 《尔雅》中的色彩字、词

《尔雅》是中国古代第一部按照词义系统和事物类别编写的词典，共十九篇①，大概成书于秦至西汉之际。《尔雅》中的基本色彩字有"黑、白、赤、黄、青、紫、蓝"。中国历史上第一次在传世文献中出现了"紫"②、"蓝"二字。这些字作为词而言还有多个近义词，可以广泛地用来描绘事物、指称事物，如"黑"的近义词为"玄、夏、乌、骍、阴"等。 "白"的近义词为"素、的、皤"。同属"红"的有"赤、丹、彤"。"青"的近义

---

① 《尔雅》是我国最早的分类解释词义的词典，除了前三章"释话、释言、释训"训释一般词语以外，又分主题十六种，即"释水、释草、释木、释虫、释鱼、释鸟、释亲、释宫、释器、释乐、释天、释地、释丘、释山、释兽、释畜"。

② 金文中也出现了"紫"。

词有"苍、蓝、绿、翠、葱"。其中，"青"包含现在的"黑、绿、蓝"。《尔雅》中的表色名物字数量很多，主要出现在"释草"、"释木"、"释畜"、"释虫"、"释器"中，如收录不同毛色马的名称的有 35 个字，关于"牛"的有 5 个，"羊"的有 5 个。

《尔雅》特殊的地方在于，出现了"深"、"窃"（即"浅"）和色彩字一起表示颜色的用法，如"窃蓝、窃绿、深蓝"等，表色更准确。也出现了对色彩总括的名称"采（彩）"、"色"，"五采（彩）"就是青采、赤采、黄采、黑采、白采，由此构成一类新的表色方式系统。① 同时出现了"色白、色黄"的"色 + 色彩字"的表达法。"色白、色黄"就是汉语"白色、黄色"色彩词的雏形。《尔雅·释水》："河出昆仑虚，色白。所渠并千七百一川，色黄。""色白"是因为黄河上游流经高原峡谷，水流较清；"色黄"是指由于黄河中游流经黄土高原，河水含沙量较大，水色浑黄。

4.《说文解字》中的色彩字、词

《说文解字》成书于 100 年，由东汉许慎撰写，是中国第一部成系统的字典。它突出的地方在于根据小篆及古文形体分析字的结构，解释字义，从而保留了许多汉字的本义。我们现在

---

① 潘峰：《〈尔雅〉时期汉语颜色词汇的特征》，《湖北成人教育学院学报》2004 年第 2 期。

分析字义一般都会上溯到《说文》，寻找字形的构造理据。它收字共 9 353 个，分布于 540 个部首下。《说文》中一共有 155 个色彩字①，大约分布于 25 个部首下，如"黑"部有 24 个与黑色有关的字，"白"部有 11 个与白色有关的字，而"糸"部有 30 个表示不同色彩的色彩字。色彩字分纯色字和表色名物字两类，前者包括基本色彩字"黑、白、赤、黄、青"以及这五种色彩类的近义字 38 个，表色名物字共 117 个。

表色名物字按照来源类别可以分为：

（1）人体。

盰：目多白也。一曰：张目也。从目，干声。

颢（hào）：白首貌。从页，从景。《楚辞》曰："天白颢颢。"南山四颢，白首人也。现在指白头发的人。

皙：人色白也。从白，析声。

皤（pó）：老人白也。从白，番声。

赧（nǎn）：面惭赤也。从赤，㞋声。意思是由于惭愧或羞愧而脸红。

頷：面黄也。从页，含声。

这一类字涉及人体不同的部位，因而也带上了所属部位的特

---

① 牛亚丽、杨超：《〈说文解字〉颜色词的文化阐释》，《内江师范学院学报》2010 年第 3 期；卢翠《〈说文解字〉颜色字研究》，信阳师范学院硕士学位论文，2012 年；李英：《古代颜色观的发展：〈说文〉系部颜色字考》，《南华大学学报》2002 年第 3 期。

点，如"肝"字部首为目，与眼睛有关；"颢、额"二字部首为"页"，与头部有关。也有以表色彩的字部为部首的，如"皙、皤"从"白"，其意与白色相关；而"赧"字部首为"赤"，所指与红色有关。

（2）植物。

植物也是人类认识色彩的最早的事物，表色的植物一般都带有"艸"旁。

葱：菜也。从艸，匆声。《尔雅·释器》："青谓之葱。"郭璞注："浅青也。"

蓝：染青草也。本指蓝草，是一种染青色的草。

苍：草色也。从艸，仓声。

芸：草也。似目宿。从艸，云声。草木枯黄色。《集韵》："芸，草木落之色。"

黮：桑葚之黑也。从黑，甚声。

（3）动物。

先秦时期，畜牧业比较发达。人们对动物，尤其是对马、牛的认识比较深刻，因此会专门根据动物的不同毛色进行命名。

骊：马深黑色。从马，丽声。《诗经·小雅·六月》有"比物四骊"，说的就是比照马的毛色选出四匹深黑色的马。"骊"后来也表示深黑色，可形容牛、羊、猪等其他动物的颜色。

䮮：（guī）：马浅黑色。从马，鬼声。

驳：马色不纯。从马，爻声。

骍：（xīng）：马赤色也。从马，鲜省声。后来也用来表示赤色。

牷：牛纯色。从牛，全声。

犉（chún）：黄牛黑唇也。从牛，享声。

抨：牛驳如星。从牛，平声。这是指杂色牛并带有星状花纹。

翠：青羽雀也。出郁林。从羽，卒声。

（4）丝织品。

丝织品在古代一般被称为"帛"或"缯"，它们不仅是"丝织品的总称"，也是古代拟色的参照物。与丝织品色彩有关的字一般都从"糸"部，有40多个。

缙：帛赤色也。

绿：帛青黄色也。

缥：帛青白色也。

缇：帛丹黄色。

绀：帛深青扬赤色。

缁：帛黑色也。

缃：帛浅黄色也。

绯：帛赤色也。

绮：赤缯也。

（5）玉石和金属。

古人很早就会辨认玉石和金属的颜色，分类比较细，分"玉、石、金"等。

瑳：玉色，鲜白。从玉，差声。

碧：石之青美者。从玉、石，白声。

瑕：玉小赤也。从玉，叚声。

皦：玉石之白也。从白，敫（攵）声。

礛：厉石也。一曰赤色。从石，兼声。读若镰。

铁：黑金也。从金，秩声。

绿：金色也。从金，录声。

彤：丹饰也。从丹，从彡。彡，其画也。

（6）自然天象。

古人对天体、云雨以及大地的色彩观察仔细。

皎：月之白也。从白，交声。《诗》曰："月出皎兮。"

皢：（xiǎo）：日之白也。从白，尧声。

皑：霜雪之白也。从白，岂声。

赫：火赤貌。从二赤。指火红的样子，专门命名为"赫"。

䨴：（duì）：云黑貌。从雨，对声。指云黑的状态。

以上这些表色名物字是东汉以前人们用来描述周围五彩缤纷的世界的，人们总是把色彩附着于某种具体事物上，大多采用"某物（之）某色"的方式，或者采用"某物某色貌"、"某物某色"等解释方法。《说文》中的100多个表色名物字不仅说明了色彩与先民的社会生活联系紧密，也揭示出先民高超的辨色能力，以及对事物敏锐的观察力。《说文》的38个纯色字主要分布于"黑、白、赤、黄、青"部中，这说明先民已经具有抽象的概括能力。如表示红色的字，除了"糸"部的"绿、绛、纁、绯、缙"等字，还有"赤"部的"赧、赫、赭"等字，说明人类已经把"赤"归结为红色的总名，因此可以表明人类思维正处于从具象思维到抽象思维的发展中。

5. 魏晋南北朝到隋的色彩字、词①

这一时期有色彩单音节词75个、色彩复音节词179个，也就是说色彩字至少有75个。基本色彩字、词沿用了黑、白、赤、黄、青五大类。数量上，黑、赤、白类相对较多，而青、黄类词明显较少。青类由"青、绿、蓝"三字承担，但"青"字的使用频率还是居首位。

复音节词方面，数量从多到少依次为赤、白、青、黑、黄类。色彩字组合成的色彩词，其组合方式有"色彩字A+色彩字B"的并列式，如"赤红、丹朱、赤黑、青绿、青黑"等；也有"色彩字+色（彩）"的"赤色、黑色、赤采、黄采"和"红白色、正赤色、青黑色"；还有"程度性的修饰字+色彩字"的"正赤、大赤、轻朱、深红"；也有"名物字+色彩字"的"火赤、雪白"等；还有"色彩字重叠+（词缀）"的"黯黯、黝黝、皑皑、皓然、赧赧然"等附加式。从总体上来看，隋前，复音色彩词的构词以并列式和偏正式为主，不少在上古用来表示某物某色的单音节表色名物字，其色彩义从原词溢出，以色彩字的形式附加于其他色彩字之前，如"丹朱、黄缥、绯黄、赤赭色、紫绛"等，产生了一批新的构词形式。

对比同一色类的单音节、复音节词可发现，"赤、白、青、

---

① 赵晓驰：《隋前汉语颜色词研究》，苏州大学博士学位论文，2010年。

黄"类词群中都是复音节词个数多于单音节词个数，而黑类词群是单音节词个数多于复音节词个数。而且出现了三音节、四音节的色彩词，如"青黑色、紫黑色、正赤色"以及"绀琉璃色"等。

6. 现代汉语中的色彩字、词

在现代汉语中，色彩词到底有多少呢？章银泉的《色彩描写词典》（1988）搜集了古今颜色词 1 200 多个；刘云泉《语言的色彩美》（1990）搜集了 1 100 多个；尹泳龙的《中国颜色名称》（1997）搜集了古今流传的约 2 500 个；叶军的《现代汉语色彩词研究》（2001）共收录了《现代汉语词典》中的 234 个色彩词；李红印的《现代汉语颜色词语义分析》（2007）共搜集了现代汉语中的 880 个色彩词。虽然各家对现代汉语中色彩词的定义、收集资料范围不同，所得词数也不同，但是可以归纳出以下结论：

第一，现代汉语中的色彩词以双音节、三音节为主，单音节词很少。以李红印所附词表为例①，双音节以上的有 868 个，单音节的只有 12 个。叶军分析《现代汉语词典》中有 234 个色彩词，单音节的只有 42 个。

第二，单音节色彩词包含了基本色彩字和古代表色名物字。李文提到的 12 个单音节词分别是"黑、白、红、黄、青、绿、

---

① 李红印：《现代汉语颜色词语义分析》，北京：商务印书馆 2007 年版，第 313~357 页。

蓝、紫、褐、灰、乌、橙"。"橙"出现得最晚，"乌"字使用范围较小，其他都是从古代一直沿袭下来的基本色彩字。

第三，色彩字的构词能力很强。以"紫"色系列为例，一共收录了带有"紫"字的词48个，除了1个单音节的色彩词"紫"外，11个双音节中以"紫"为主要构成要素的词语就有10个，如"紫色、大紫、酱紫、绛紫、茜紫、确紫、水紫、鲜紫、油紫、晕紫"；31个三音节色彩词中，含有"紫"字的占26个，如"绛紫色、蓝紫色、墨紫色、葡萄紫、茄花紫、紫青色、紫乎乎、紫嘟噜"等，5个四音节色彩词中，带"紫"字的有"紫不溜丢、紫丁香色、紫茄紫色"3个。

色彩字从甲骨文、金文时期的只有几个或十几个，到东汉时期的155个；从隋时的75个，再到现代汉语中的42个，呈现出从少到多，又由多到少的趋势。而色彩词的数量则是一路飙升。色彩词原来以单音节的色彩字为主，中古以后，大量的表色名物词开始退出舞台，以基本色彩字为核心成分构成的复音节色彩词开始迅速发展起来。汉语中的复音节色彩词从《诗经》中"皎皎"式的叠音词发展到"赤红、浅蓝、青采、白色"等多种构词方式构成词语，中古时期，其总量已达179个。汉语色彩词发展数量的节节攀升，从简单描述五色、七色、十二色到能描述多种色彩，从原来必须依附于事物来表色到纯粹地指称色彩（如"丹"原来指红色石头，后来指红），从"苍苍"等简单的叠音词到"白苍苍、白乎乎、大赤、轻黄、正黑、白茫茫"等复杂的构词方式构成词语，这些变化都表明中国人对色彩的认识越来深入，思维越来越细致，用词也越来越准确了。

这也证明，汉民族对色彩认知能力的发展先后经历了"辨色、指色、描色"三个历史阶段①。辨色阶段是对自然颜色进行初步的认知与加工，从色彩连续体中分辨出"黑、白、红、黄"等不同的色彩。指色阶段是在辨色阶段的基础上对已经分辨出的色彩进行再区分，如把"红色"再分为"大红、枣红、胭脂红"等不同的色调。描色阶段是确定色彩的性质状态方面的具体特征，如把不同的"红色"描绘为"红艳艳、红堂堂、红彤彤"等。这样看来，以甲骨文、金文、《诗经》以及《尔雅》、《说文》为代表的上古文献时期，其单音节的色彩词都属于辨色词，《诗经》中的色彩字重叠式已是指色词，而指色词（例如"大红"等）也出现在了上古其他的传世文献中。

色彩字的发展以能够满足人们记录、使用色彩词为目的，上古时代人们主要以"黑、白、赤、黄、青"五种基本字来分辨色彩，并不断创造大量表色名物字来指称色彩。中古以后，基本色彩字的构词能力、表色能力已经十分显著，它们之间彼此组合并创造出不少新的表色名物词。已有的表色名物词大多逐渐淡出。到了近现代，"棕"、"橙"二字也进入了基本色彩字的范畴，十几个基本色彩字及其组合方式，与"名物字＋色彩字"等新形式共同承担起人们辨色、指色、描色的任务。

---

① 李红印：《现代汉语颜色词语义分析》，北京：商务印书馆2007年版。

（二）基本色彩字的序列和分化

1. 基本色彩字的发展序列

基本色彩字从古至今的发展一直遵循从少到多，又从多到少，渐趋稳定的规律。从基本色彩字的出现次序来看，商周时期的甲骨文、金文中已经出现了用"黑、幽、白、赤、黄"五个字来表示四种色系的现象；周代传世文献《诗经》中已经出现了"青"字，这也是人们认为上古时代已经有五类色彩范畴的原因①。秦至西汉时期的《尔雅》中开始出现间于红、蓝之间的紫色范畴和间于红、白之间的浅红范畴。东汉《说文》中出现了"绿"承担"青"类、"红"承担"赤"类的语义现象，由此产生了色彩字的混用。到了唐代，色彩字、词中出现了"灰、褐"，"红"完全取代了"赤"，充当起了红色代表字，浅红色反而缺位。同时，蓝、绿作为一种新的类别从青类中独立出来，和青并列。现代汉语受西方语言翻译的影响，从"orange"一词中翻译出了"橙"字。另外还出现了"棕"字，和"褐"一起承担棕色系的代表字。以上这些变化可用下表来表示：

---

① 姚小平：《基本颜色词理论述评——兼论汉语基本颜色词的演变史》，《外语教学与研究》1988 年第 1 期。

基本色彩词用字的发展演变

时代著作		黑色系	白色系	红色系	浅红色系	黄色系	绿色系	蓝色系	紫色系	灰色系	棕、褐色系	橙色系
基本色类												
殷商甲骨文		黑、幽	白	赤		黄						
周	金文	黑、幽	白	赤		黄	青		紫			
周	《诗经》	黑、幽	白	赤		黄	青、绿					
秦至西汉	《尔雅》	黑、玄	白	赤		黄	青、蓝		紫			
东汉《说文解字》		黑	白	赤	红	黄	青、绿		紫			
魏晋南北朝至隋唐古籍		黑	白	赤、红	红	黄	青、绿	蓝	紫	灰	褐	
《现代汉语词典》		黑	白	红		黄	青、绿	蓝	紫	灰	褐、棕	橙

从上表可以看出，白、黄色系从产生到现在具有一贯性。秦至西汉以前"黑"与"幽、玄"曾经共同承担黑色系；"赤、红"在《说文》中界限更清晰，魏晋南北朝至隋唐时期混用，唐代后"赤"被"红"取代；蓝色与绿色系中，先后分出"绿、

蓝"，到现在形成"青、绿、蓝"并用的格局。以上这些基本色彩字、词的形成过程，从古至今由"黑、幽、白、赤、黄"到"黑、白、红、黄、青、绿、蓝、紫、灰、褐、棕、橙"。这个序列与普通语言学颜色理论中"柏林—凯假说"所提出的序列大同小异。

1969 年美国的伯林和凯通过对近百种语言的比较研究，以《表示颜色的基本词汇》一书为语言普遍主义（Language Universalism）提供了论据，提出了"尽管各语言的颜色词数量不一，且对光谱切分的粗细和位置不同，但任何语言的基本色彩词都不出十一个词的范围"的观点，并且形成如下序列（见下图）①。序列表明：如果人类只能辨明两种色彩，那一定是黑和白，如果有三种，那就是黑、白、红，以此类推得到其他序列中的色彩。这种经典性假说被语言学家们不厌其烦地引用，被称为"伯林—凯假说"（Berlin-Kay Hypothesis）或者"色彩序列假说"。

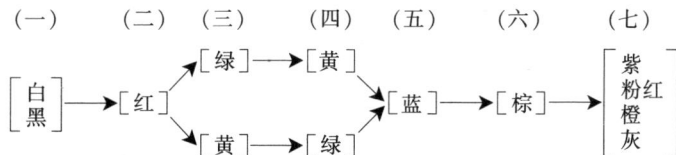

（一）	（二）	（三）	（四）	（五）	（六）	（七）

$$\begin{bmatrix}白\\黑\end{bmatrix} \longrightarrow [红] \nearrow\searrow \begin{matrix}[绿] \longrightarrow [黄]\\[黄] \longrightarrow [绿]\end{matrix} \searrow\nearrow [蓝] \longrightarrow [棕] \longrightarrow \begin{bmatrix}紫\\粉红\\橙\\灰\end{bmatrix}$$

1978 年"色彩序列假说"经过修改，序列更加详尽和完整。

---

① 转引自姚小平的相关论文。

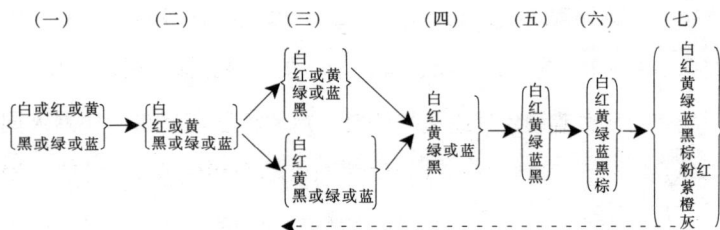

比较上图和我国汉民族对基本色彩的认知序列，商周时期基本符合颜色理论的第三或第四阶段。出土的甲骨文、金文，或者一直靠口耳相传的传世文献《诗经》，都证明我国先民已经具有对"黑、白、红（当时为赤）、黄"四色的分辨能力。金文、《诗经》中已经出现了"青"；《说文》阶段还有对"红"的分类。中古时期已基本符合第五阶段，且在我国已经有了用"紫、灰、褐"表示色彩的现象。在现代汉语色彩序列中增加了"橙"，而颜色理论第七阶段才出现了"紫、粉红、灰、橙"。可见，世界语言的颜色序列还应该考虑不同民族文化的实际，以作出更加稳妥的修正。

2. "青"分化出"绿"、"蓝"的原因

在我国相当长的时期内，"青"字可以表示现在的绿色、蓝色和黑色，后来才逐渐分化出"绿"、"蓝"。为什么古人"蓝、绿"不分，统称为"青"呢？

"青"本指一种矿物（共生的孔雀石和蓝铜矿）颜料，孔雀石可用作绿色颜料，有翠绿、草绿及暗绿等色；蓝铜矿可用作蓝色颜料，呈天蓝或暗蓝色，经长期风化可变为孔雀石。由于这种共生矿中孔雀石（绿）和蓝铜矿（蓝）的成分没有固定的比例，于是矿石或呈蓝绿色，或呈绿蓝色，色相不稳定。在古代颜色词不多的情况下，这些介于蓝和绿之间的颜色便统称为"青"。绿和蓝是色相性质近似的邻近色，于是"青"又可以表示绿色或蓝色。这也正是"青"内涵不定、词义模糊的矿物学、词汇学依据。

从色彩学角度来说，蓝与绿在光谱上是相邻的，甚至可以说是密不可分的。光谱的颜色是一个渐变的动态过程，所以人们对色彩的划分不是针对某一个确定点，而是针对以这个点为核心的大致波长范围的概括。颜色划分的中心区域界限分明，而边缘部分则界限模糊，所以在两种颜色过渡的混合色领域，兼有左右两色的特点，说它属于两者之一，也是可以的。以"蓝"为例，从色彩学的角度来看，波长区域在 492nm ~ 455nm 的被概括为蓝，在这两个端点上色彩的区别是明显的，前者偏紫，后者偏绿。蓝与绿在光谱上是逐渐过渡的，在某个区域不易区分。所以蓝和绿的界限并不是泾渭分明的。

从生理学角度来看，眼睛的生理结构可能影响颜色的选择和辨别。体质人类学研究了不同民族的人的眼睛的构造和功能，认为某种生物因素可能与颜色用语的多与寡有关，眼睛颜色越深（色素越多）的民族，其单色词的数量越少。这也许是他们辨别光谱暗色的一端更为困难的缘故。如此说来，汉民族的眼睛颜色是黑色的，属于深色，那么在区分蓝、绿两色时，汉民族在生理上不占优势，两色辨别能力较差，用色彩词指称时较为笼统就不足为奇了。比如，同为黑眼睛的日本人，他们在古代，用"青"表示了从白到黑范围内的很多颜色，可指蓝、绿及靛蓝（由蓝和紫混合而成），还可以指紫、灰等，有时甚至可指黑、白。中国也有"青眼"、"白眼"。相对而言，"青眼"就是指黑眼珠。所以，从我国人民黑眼珠的生理结构来看，中国古人是有可能辨识不清"蓝"、"绿"，而将两者统称为"青"的。

随着社会的发展、技术的进步，人们逐渐区分出蓝、绿，所以在词汇上便有对应的色彩词出现，而原本词义范围较大的"青"逐渐缩小了词义范围，并逐渐地被其他的色彩词代替。字形上采用了已有的表达相近色彩的帛青黄色"绿"来表示绿色，采用染青草"蓝"来表示蓝色，最终形成了现代青、绿、蓝共同分辨色彩的趋势。

3. "红"取代"赤"的过程

我国对红色的分辨最初是用"赤"来表示的，而后用"朱"（深红色）、"红"（浅红色）等其他字对红色进行进一步区分。从上古到中古，红色类字、词中的一个显著变化是"红"显现出取代"赤"的趋势。在汉代"红"是粉红色，偶尔用作红色义。魏晋时期，"红"的义域扩大并逐渐与"赤"的义域重合，这个过程有不少"两可"的例子。隋唐时期，"红"与"赤"在表红色时完全同义，在活跃程度上"红"足以与"赤"抗衡并略占上风。如从用例数量来看，"红"从汉以前的 7 次攀升至中古时期的 340 次，尤其是在今人逯钦立编的《先秦汉魏晋南北朝诗》中的使用远远多于"赤"的使用，体现了"红"替代"赤"的趋势；从组合关系来看，上古"红"只有寥寥数例，且仅限于修饰织物、植物和其他自然物等，到中古时期已在除了动物以外的五类语义域中展现了强大的搭配能力，这说明"红"的义域有较大的扩展。明清时代，"红"以绝对优势战胜了"赤"，完成了更迭。

4. 基本色彩字用法的变化

基本色彩字又可以分为纯色字和混合色字。纯色字在古代主要是"黑、白、赤（朱）、黄、青"；在现代纯色字为"黑、白、红、黄、蓝"。混合色字为"绿、紫、灰、褐、橙"等。现在确定下来的有 11 个基本色彩字，从其意义变化来看，可以分为三种情况：

第一种，古今通用，比如"黑、白、黄、蓝、绿、灰、紫"在古今汉语中都可以表示相同的基本色，也能担当独立的造句单位。

第二种，某些色彩字古时可作为词，如今变为了构词成分——语素，如"褐、赤、橙"。"褐"本指粗布或者粗布做的衣服，唐代时开始表示"黄"加"黑"的混合色名，如白居易《三适赠道友》中的"褐绫袍厚暖，卧盖行坐披"。现在，"褐"还不能单独使用，只有与"色"字搭配，形成"褐色"才可。而且"棕色"经常用来表示"褐色"，进一步冲淡了"褐"作为基本色的地位。"赤"现在只有在描述光谱时才可单用，在大多数情况下，必须用"赤色"才可表示红色，它在上古到中古的很长的历史时期内保持的基本色的地位，到唐代逐渐被"红"取代。"橙"在古代表示橙子树或橙子，《说文》解释为"橙，橘属。从木，登声。丈庚切（chéng）"。20世纪初，"橙"成为"红"加"黄"的混合色名，并且可以作为单独成分使用。此字一般被认为是翻译"orange"这一单词时借用而来的。现在"橙色"只能作为基本色。属于这一类的还包括"丹、朱、彤"等古代表色名物字。

第三种，特殊转移，如"红"和"青"等。"红"在古代一直指粉红色，是"赤"加"白"的混合色，唐代才转移为"红色"意义，成为基本色彩词，并一直沿用至今。"青"在古代一直是表示"绿"、"蓝"、"黑"义的基本色彩词，根据上下文才可确定是哪一个意义。如"绿竹青青"中"青"指绿色；"青出于蓝而胜于蓝"中"青"指蓝色；"青蝇"、"青眼"、"青目"、"君不见高堂明镜悲白发，朝如青丝暮成雪"中的"青"指黑色；此外，"青烟袅袅"、"青鼠"、"青杨"中的"青"还有"灰"的意义。因此，我们把此处"红、青"的用法称作转移。现在，

"青"已经被"绿"、"蓝"、"黑"瓜分了其表示基本色彩的范围，它只是在历史上属于基本色彩词。

总之，现代汉语中的基本色彩单音节词，即基本色彩字，包括古今通用类的"黑、白、黄、蓝、绿、灰、紫"和特殊转移类的"红"都具有以下特点：第一，都代表光谱中的某一区域，具有极高的稳定性，使用最频繁；第二，可以作为独立的造句单位，即可单说单用，也可加"色"字，意思不变，如"黄"等于"黄色"；第三，它们还可以作为多产的构词成分构成其他色彩词，如"米黄"。但色彩光谱中两种基本色："棕色/褐色"和"粉红色"，在现代汉语中则没有对应的单音节词。

四、色彩字的结构

每一个汉字的组合部分，都相当于一个机器的零件，我们称之为部件。有的汉字只有一个部件，我们叫独体字；有的有两个或者两个以上的部件，我们称这些字为合体字。在色彩字中，为什么"红、绿、紫"的结构中都有"纟（糸）"部件，"蓝、黄"都有"艹（艸）"部件？这就要从汉字字形的构成部件去分析，也就是我们即将讨论的色彩字的构形问题。那么选择什么样的字分析比较好呢？

在隋代以前的色彩词中，单音节词的数量远远超过双音节及其他多音节词；隋唐以后双音节以上的多音节词发展迅猛，到现在上千个色彩词中只存在十多个单音节词："黑、白、红、黄、绿、蓝、紫、褐、灰、橙"等。不过，在上千个色彩词中，绝大多数词都含有最基本的色彩字，如"朱红、黑紫"等是基本色彩字"朱、红、黑、紫"的组合；如"乳白、米黄"中的"白"、"黄"是表示色彩的关键信息；"绿色、蓝色"是色彩字"绿"、"蓝"加"色"字后构成的。这样看来，这些基本色彩字的构词能力都非常强。我们想要知道古代色彩字的造字原理，只要分析一下基本色彩字的结构，就可以提纲挈领地掌握先民对色彩字创造的意图。而要分析字的结构，最简单的方法是分析这些字最早的字形，分析它们的构造方式。

（一）"色、采（彩）"和基本色彩字的结构

1. "色、采（彩）"的结构

色彩是人类对事物反射光的认知，汉语中"颜色"、"色彩"这两个词，我们也可用"颜、色、彩"三个字来表示。中国最早对色彩的认识，主要采用"近取诸身，远取诸物"的原则，这三个字的结构正是此原则的形象表达。

颜 yán　金文作"𩑒"，《说文》："眉目之间也。从页，彦声。""页"就是头，后来扩大指前额，如"龙颜"的"颜"，后来又扩大指脸，即颜面。《说文解字注》进一步提到"凡羞愧喜忧必形于颜"。

色 sè　甲骨文作"𠂯"，金文作"𢑚"或者"𢒉"，小篆为"𦥑"，隶书为"色"。有人认为甲骨文、金文的字形象两人在亲密接触，造字本义为两性交

合①。如《孟子·告子上》："食、色，性也。"后来引
申为美貌，再引申为色彩。《说文》根据小篆字形将此
字分析为"从人，从卩"的会意字，"凡色之属皆从
色"。"颜气也"，指"颜"的气色，即眉毛之间部位的
色彩。随着"颜"的指称范围不断扩大，"色"也指人
的脸色。

"颜色"二字本来是指人眉间色彩的变化。中医四诊中"望、
闻、问、切"中的"望"便是指看脸色知病；人的喜怒哀乐等情
绪变化也可以通过脸色表现出来。随着"颜"、"色"词义的扩
大，"颜色"一词不但指"面色"，还逐渐变为所有事物色彩的
总称。

　　采 cǎi　最早的字形为"采"，金文为"❦"或
"❧"，原来指用手摘树上的果实。此字"从木，从
爪"，即由"手"、"木"构成，表会意，"木"在古文
字中表示树木。"采"后来通过增加意符进行了分化，
手摘果实的意义通过增加"扌"变成"採"，汉字简化
过程中则采用了"采"字。

---

① 参见象形字典，http：//www.vividict.com/WordInfo.aspx？id＝1542。

从手摘果实的行为，人们慢慢地关注到所摘果实本身的颜色，并慢慢地赋予"采"字色彩、多色的意思。《说文》中已经出现"五采"、"采色"、"繁采"的说法，以此可知"采"已经具有"色彩"的总括性意义。如"糸"部中"绣，五采备也"；"缛，缯采色"；"缛，繁采色也"。此外，在传世文献中有"红采、青采"等用法，也说明"采"义的抽象化，如"东宫御女青色，衣青采，鼓琴瑟"（《淮南子·时则》）。

彩 cǎi 　《说文》："文章也。从彡，采声。"意思为纹饰焕然夺目。由于字义与"采"的"多色、色彩"义相关，后来二者在表示色彩、神色、文采意义上相同。

如表示色彩的："烟云献彩，龟龙表异。"（魏征《隋书·音乐志》）"彩"的这一用法现已固定，不再用"采"。再如表示神色、风度的："目略而微眄，精彩相授。"（宋玉《神女赋》）表示文采的："延之与陈郡谢灵运俱以词彩齐名。"（沈约《宋书·颜延之传》）现在表示神色、文采时用"采"，而不用"彩"。

2. 基本色彩字的结构

"黑、白、赤、红、黄、青、绿、蓝、紫、褐、棕、灰、橙"是从古代沿用下来的现代基本色彩字，下面我们将着重分析这些字的结构。

　　黑 hēi　　"黑"在甲骨文、金文中的字形象是一个身上带有黑（污）点的成人。它是一种指事字，重在表示"人脸上、身上的黑点"。小篆"燚"将金文沾满污点的花脸"囧"写成"皿"，并误将金文"黑"字字形中由"大"（人）和"丷丶"（污点）组成的"桼"写成了"炎"（炎）。因此只看到小篆字形的许慎在《说文》中将"黑"解释为"火所熏之色也。从炎，上出囧。囧，古窗字"。认为"黑"字是火熏成的颜色，"囧"表示烟囱，是"窗"的本字，下面为"炎"，二者会合表示火焰上升，烟熏窗户而发黑。后来很多人都遵从这一说法，现在看来《说文》的分析是不可从的。而隶书"黑"则误将篆文字形的上半部"囧"写成"里"（里），将篆文的"火"（火）写成"灬"，至此，"黑"字已面目全非。

甲骨文	金文				篆文	隶书	楷书	行书	草书	标准宋体
京 4188	保卣	黑田七白	师酉叔黑臣簋	黑簋盖	《说文解字》	《史晨碑》	《孙秋生造像记》	黄庭坚	王羲之	印刷字库

"黑"字的字形演变示意图

白 bái　甲骨文字形为"θ"，金文为"白"，小

篆为"白"。《说文》："西方色也……从入合二……凡

白之属皆从白。旁陌切（bái）。"此字字形比较简单、

抽象，具体原义指什么，有多种说法。

第一是指米粒。《说文·皀部》："皀，谷之馨香也。象嘉谷

在裹中之行；匕，所以扱之。或说：皀，一粒也。凡皀之属皆从

皀。又读若香。""皀"字，上半部是"白"字，下从"匕"，会

意字。段玉裁因此认为"白"相当于"嘉谷"，因此推断出

"白"的本义是米粒。第二是指拇指。郭沫若认为"白"的古字

形是大拇指的象形，在手足中居于首位，引申为伯仲之伯，又引

申为王伯之伯。第三是指日光。商承祚认为"白"字是尖顶日

形，象太阳刚出地面，光彩闪耀，"白"即指天色发亮。第四是

指人面。秦统一以前的古玺文字"白"与"自"略同，既然

"自"为鼻子的本字，那"白"就当为人面之色，由人面之色而

发展至形容一切有类于人面的颜色，就是"白"的来历。第五是

指人头骨。日本的白川静认为："白"是已成为白骨的头盖骨，

经风吹雨打，皮肉全无，化作了骷髅，于是有了"白色"之义。

第六是形容舌头重叠，表示反复地说、说清楚，引申出"清楚的

色彩"，那就是"白"。

这些观点都是通过与"白"相近色彩的事物来进行推测的，

目前还不能确定哪个更准确。不过，从甲骨文开始，作为色彩词，"白"的固定用法主要为"白 + 动物/植物"，如"白牛、白马、白羊、白豕"等；"白秭、白树、白米"等。金文中有 14 例，完全承用了甲骨文的用法；《诗经》中有 23 例，其修饰对象涵盖了动物、植物、矿物、织物等。当然"白"还可以用来修饰其他事物。

　　白色系列中其他字的构字方法大多是形声字构字法，如"皑、皓、皦、皙"等，意符或者为"白"，或者为"日"。

　　红色应该是人类最早认识和使用的颜色。1929 年，我国考古工作者在北京房山区周口店龙骨山发现了北京猿人头盖骨。在发掘现场的山顶洞中，挖掘出了石器和骨器等，其中有被染红了的石珠（一种美玉），周围还有红色的颗粒，这些红色的颗粒被证实为赤铁矿粉。位于淮安市淮安区的青莲岗文化遗迹中的彩陶，基本上使用了黑、红两色，偶尔也用白色。原始人在岩画上所使用的颜料也是以红色为主。而语言中的"赤"、"红"是不同时期的人常使用的表示红色的字。

　　赤 chì　甲骨文为"🔥"，金文为"🔥"（赤鼎）或"🔥"，由"大、火"共同构成，会意字。其本义是大火的颜色，即火红色。"赤"在殷商时期已经作为颜色字，用以修饰马的毛色。

红 hóng　金文为"𢇁"，小篆为"紅"。《说文》
"帛赤白色"指红白色的丝织品。段玉裁指出，"此今人
所谓粉红、桃红也"。古时的红是指红色和白色混合后
的颜色，属于中间色，简称"间色"，正色为"赤"。

黄 huáng　甲骨文为"東"、"黄"，金文为
"黄"，小篆为"黄"。学界对"黄"字的构形意见不
一，认为其是象形字、指事字、会意字或形声字。

第一，认为"黄"是象形字的意见也不统一：古文字学家高
亨认为"黄"同蝗虫形；郭沫若认为其是佩玉形；潘峰认为此字
是孕妇之象形。[①]唐兰、裴锡圭认为"黄"字象仰面向天、腹部
膨大的残疾人之形。

第二，认为"黄"是指事字的是"象形字典"网站，其分析
过程为：甲骨文"夫"、"↑"（矢，箭竿）、"▱"（口、小
圈、箭靶），三个字符组合起来形成"黄"，表示练习射箭的靶
心。古代人为了醒目，用赤碣色泥浆涂抹靶心，因此"黄"的本
义为赤褐色靶心。由于靶心的位置在正中，这正好也与社稷坛上
五色土中黄土为中心的概念相符。有的金文作"黄"，增加了

---

①　潘峰：《释"黄"》，《汉字文化》2006 年第 3 期。

"**廿**"（廿）；小篆"**黄**"与此相承，去除了"矢"形；隶书"**黄**"改变字形，发展到现在。

第三，认为"黄"是会意字的解释也有所不同，如唐玄之认为"黄"是指黄疸病病人的肤色。《字源》认为"黄"本指被火烤得枯焦的颜色，所以人病倒了，皮肤颜色焦黑就叫"玄黄"。

第四，认为"黄"是形声字的出自许慎的《说文解字》。《说文·黄部》："黄，地之色也。从田，从茨，茨亦声。茨，古文光。凡黄之属皆从黄。"胡朴安同意许慎的说法，认为："黄本耕土时地气之光，其色为黄。黄无物质，由光气之黄色而发展成为各种不同之黄色。"①

如果"近取诸身，远取诸物"是古人的造字原则，说明人首先关注的是自身和身边最常用的事物。综上所述，"黄"可能与人生病时的肤色或者土地的颜色、靶心的颜色有关。但具体是哪一种，还有待考证。"黄"字最初的使用，多与祭祀所用牲畜的毛色有关。后来，其他动物、植物等可以使用"黄"，"黄"字从单纯地指人的肤色而扩大到指其他事物的颜色。

青 qīng 甲骨文字形为"**古**"，金文为"**肖**"，小篆为"**青**"，字形分为上、下两个部件，上面

---

① 胡朴安：《从文字学上考见古代辨色本能与染色技术》，载《学林》1941年第3期。

"屮"、"￼"表示"生"，为音符，下面"￼"、"￼"表示"丹"。《说文》："东方色也。木生火，从生、丹。丹青之信，言象然。凡青之属皆从青。"丹就是丹砂，古人分黑丹、青丹。古人将这种矿石研磨成粉末，作为重要颜料。篆文"￼"基本承续了金文字形。

绿 lǜ 从其造字字形来看，从糸，录声，是形声字，同丝织品相关。《说文·糸部》："绿，帛青黄色也。"说明"绿"指一种青黄色的丝织品。为什么取名"绿"？其得名缘由与染色草"菉"有关。

《说文·艸部》："菉，王刍也。从艸，录声。"这种草现名"荩草"（Arthraxon Prionodes，禾本科），是一年生草本植物，高30cm～40cm，茎秆细弱。荩草在各地都有分布，是十分常见的植物。《诗经·卫风·淇奥》："瞻彼淇奥，绿（菉）竹猗猗。"根据唐代陆德明的解释，意思是，看那淇水（源出河南林县）弯弯，里面长着王刍和萹竹（扁蓄），好长好茂盛。这里的"绿"解释为王刍，"绿"和"菉"指同一种植物。

荩草花色深绿，茎叶汁水含有黄色素，可以直接将布料染成黄色。明代李时珍在《本草纲目》中记载："荩草、王刍，此草绿色，可染黄。"据丝绸史学家赵丰考证，这种草还可以染绿色。

战国秦汉时期，荩草染色用绿矾做媒染剂，能得到一定鲜艳度的绿色。

先秦时期人们非常关心布帛的色彩，渴望对"菉"汁所染的"青黄色帛"进行命名，于是采用了"绿"字。这是由于"绿"字既用"糸"表示布帛类，又用"录"表示染色草"菉"的发音和意义。二者在《诗经》中是等同关系，如《诗经·小雅·采绿》所说"终朝采绿，不盈一匊"，即整个早晨去采菉，采得不满两手捧。随着"绿"承担了"青黄色帛"专名的任务，以后又逐渐脱离实物，抽象出绿色的意义，"绿"遂成了与"青"、"蓝"并列的基本色彩字。

　　蓝 lán　金文为"🔲"，小篆为"🔲"。先秦时期人们将可制取靛青的植物均称为"蓝"，一般熟知的是菘蓝、蓼蓝、马蓝（俗称板蓝根）等。《说文·艸部》："蓝，染青草也。从艸，监声。"意思是染青色的草叫"蓝"。"蓝"是形声字。

　　紫 zǐ　金文为"🔲"或"🔲"，小篆为"🔲"。《说文·糸部》："紫，帛青赤色。从糸，此声。"意思是青红色的丝织品叫"紫"。清代段玉裁在《说文解字注》中说，青有"黑色"的意思，把火红色放入黑色中，就会产生紫色。按照五行的说法，紫色为间色。

　　紫颜色的专名在《尔雅》中已开始形成。《尔雅·释草》："茈，紫草。"此草花紫根紫，可以染紫。从对"茈"的解释看，紫已经成为色彩词。

　　褐 hè　金文为"褐"，小篆为"褐"，是形声字，从衣，曷声，本义是指用粗麻做成的衣服。如孟子在《滕文公上》中提到许行的几十个徒弟，"皆衣褐，捆屦，织席以为食"，即都穿着粗麻衣服，靠打草鞋、织席子为生。穿粗麻衣服的人，一般地位低贱，"褐夫"也成为低贱者的代称。后来，人们才把这种麻的黑黄色独立为一种色。

　　灰 huī　从火，从又，指火燃烧后呈粉末状的物质。由于这种物质的颜色介于黑和白之间，后来就以此物代指特定的色彩。

　　棕 zōng　从木，宗声，原来指棕树。它的主干外围的棕毛（棕树皮叶鞘纤维）可制扫帚、毛刷、枕垫、床垫等，由于其色介于红、黄之间，刚好跟传统的"褐"相近，所以成了"褐"的另一种说法。"棕"在明清文献中还不多见，在现代汉语中才经常地被用作棕褐色的通名；褐色仍泛指棕褐色，但在口语中不如"棕"常用。

橙 chéng　字形从木，表示属于树木（《说文》："橘属"），"登"表示发音，是形声字。"橙"在汉语中原指橙子树或其果实。后来才翻译为"orange"，和"色"字联系在一起表示红与黄之间的一种稳定的色彩。

总之，从字的构形来看，最早的色彩字主要采用描绘事物外形轮廓的象形造字法（如"丹"），或者是描绘事物外形并用一些符号指出意义所在的指事造字法（如"黑、白、黄"），也有的采用两种字符来会合表意的会意法（如"赤"）。大多数色彩字，如"青、红、紫、绿、蓝"等一般都是形声字。在我们分析的色彩字中，独体字为"白、丹、朱、乌、玄"，合体字为"黄、青、黑、赤、紫、红"等。

（二）古代表色名物字的结构特点

文字是民族文化的载体，文字的形体构造和词义的发展变化，往往反映出当时社会各方面的真实情况。我国早期色彩表达方式的特点就是字词一体，且"名实不分，借物呈色"。在《诗经》、《说文》等文献中还存在大量的表色名物字，它们形象地反映了先民对于当时社会生活中事物及其色彩的认识。这些字的字义特点一定是带有某种色彩，并且是一种事物的名称，我们可以从字形、字音上对其进行分析。

1. 字形构造特点

在书写符号的类型上，这些表色名物字为形声字。其字形部件的构成，多与先民的具象思维有关。上古时代给一个新生事物命名时，多选取该事物易于被人们感知的形象特征。色彩作为事物的一大形象特征，特别易于被人们感知，因而受到先民的特别关注，被先民用来作为一些名物的构造部件。古人将已经凝固了色彩意义的"黑、白、赤、黄"等字符，直接作为新事物造字的意符，再找一个与此事物发音相近的声符，二者组合直接产生了一系列同一义类的形声字。

黑色系列表色名物字多以"黑"为部首，如：

墨，书墨也。从土，从黑，黑亦声。这里指书写时用的东西。

黗（dǎn），滓垢也。从黑，尤声。意思是沉淀下来的污垢，污垢一般呈现黑色。

黮，桑葚之黑也。从黑，甚声。古通"葚"。意思是像桑葚一样黑。

黵（zhǎn），大污也。从黑，詹声。意思是大污垢。

　　黴（méi），中久雨青黑。从黑，微省声。现为"霉"字的繁体形式。意思是久雨后天空的色彩为青黑。

　　儵（shū），青黑缯缝白色也。从黑，攸声。现为"倏"字的繁体形式。"儵"与"倏"在东汉时就已存在，二者意义不同，"儵"原来指一种青黑色的接口的线为白色的布。

　　黛（dài），书眉也。从黑，朕声。意思是画眉的行为，也带有"黑"义。

　　黟（yī），黑木也。从黑，多声。指一种黑色的树，或者丹阳的一个县名（黟县）。

　　白色系列名物字多以"白"为部首："皤"为老人的白；"皓"为太阳的白；"皎"为月亮的白；"皙"为人皮肤的白；"皑"为霜雪的白；"皔（hú）"，《说文》："从白，隺声。"也念"hé"，指鸟之白。

　　赤色系列表色名物字多以"赤"为部首，如"赧"指因害羞而脸红；"赭"为红色的土（"赭石"为暗棕色的矿石）；"赫"为火之红。除此之外，还有"糖（táng）、赪（chēng）、赩（xì）"等。

2. 具有同源关系的表色名物字的字形、字音特点

　　在语言产生之初，音义的结合是任意的。如中国称"红"，英语则叫"red"，不同的民族对同一色彩的称谓是不同的。某一事物的音义一旦经某一民族约定俗成后，它就拥有了一个固定的

名称，这一名称还会影响新字、新词的产生。当先民给某一带色的新事物命名时，一般会联想到另外一种与其特征相似的旧事物，于是会沿用相似事物的名称去指称新事物，如表示新事物的词的发音同与之相关的表示旧事物的词的发音相同或者相近。作为新词的记录符号——汉字，一般是形声字。利用原有表示旧事物的字符作为自己的声符，选择一个新事物所属的字符类别作为意符。如果利用这种方法给不同类别但有同类特征的事物创造形声字，这一组字就会拥有共同的声符，且拥有共同的语义，这一组字也叫同源字。不同色系的表色名物字正是按照这种造字原理创造的。

（1）表黑色意义的同源字。

"缁、鲻、淄、鹚"组，声符为"甾"或"兹"，这些字的古代声母都属于"精"母，韵部都是"之"部，声调都是平声，所以发音相同，而且具有黑色的意思。"缁"是黑色的丝织品；"鲻"是一种黑色的鱼；"淄"是黑色（现指淄河，水名，在山东）；"鹚"就是"鸬鹚"，是一种黑色的鸟，又叫鱼鹰。

"点（點）、玷"组，发音接近，都有黑色之义。"点"原指小黑点；"玷"指玉器上的小斑点。

"黸、鸬、泸、垆、獹、眹"组中，发音一样，以"卢（卢）"作为声符。"卢（卢）"是黑色的意思，历史上也写作"黸"。"鸬鹚"之"鸬"为黑色的鸟；"泸"是黑色的水（现指四川泸水）；"垆"是黑色的黏土；"獹"是黑犬；"眹"指黑眼珠，即瞳仁。

（2）表红色意义的同源字。

"霞、椵、瑕、蝦"这一组字都带有相同的声符，且发音相同。"霞"指日出或日落时的彩云，多为红色；"椵"指红色，有时用作"霞"；"瑕"指玉石上的红色斑点；"蝦"现为"虾"字的繁体形式，指通过火烧或蒸煮后呈现的红色。

"翡、绯、炜"的发音相近，都以"非"为声符。"翡"指红色羽毛的鸟；"绯"指红色的丝织品；"炜"指极其明亮的红色。

（3）表青色意义的同源字。

"骐、綦"发音相同，"其"为声符。"骐"是青黑色的马；"綦"就是青黑色。

"青、清、蜻、鲭、靘"组，都以"青"为声符。"清"也当"青"用，如"清天"指青天；"蜻"指蜻蜓，杂有青白色；"鲭"指青鱼，以其颜色命名；"靘（qìng）"是青黑色。

"葱（蔥）、璁、骢、蟌"组，都以"匆（悤）"为声符，发音相同，都有"青绿"之义。"蔥"是一种青绿色的蔬菜；"璁"是一种青色的玉石；"骢"是一种毛色青白相间的马；"蟌"即蜻蜓，带点青绿色。

（4）表黄色意义的同源字。

"權（权）、蠸"组，发音相同。"權"指黄华木；"蠸"指一种黄色的甲虫。

　　"芸、曛、麹（曲）"组，发音相近。"芸"指落叶黄；"曛"指日落时的黄色；"麹"本指曲酶，是一种淡黄色的物质。

　　（5）表紫色意义的同源字。

　　"茈、紫"组，以"此"为声符。"茈"本为紫色染草名，染出的颜色称"紫"；"紫"由"茈"衍生而来。

五、色彩字的色系聚合和传承

　　色彩字、词的发展，与社会的发展、人们对事物的认识有很大关系。新事物的产生，会促使人们用新词去记录和描绘。先秦时期，人们习惯对某些现象划分得很细，同类的事物或现象都冠以不同的名称。表色名物词就是这样发展起来的，如同样是黑色，服装黑用"玄"，泥沙黑为"涅"，马青黑为"骊"，天色黑为"青"或"苍"。这体现了中国先民形象思维的特点。后来，这些不同的名称和说法都消失了，只要是同类的、同色的事物或同类的现象就用同一个词语去表达。如各种事物的黑都是"黑"，不同事物的白都归结为"白"，不同年龄、不同毛色的马都叫"马"。这样，大量的表色名物字、词就从语言中消失了，语言更加经济、简单，便于运用。

　　为了了解色彩字的运用和传承，我们可以把某一种色系为主的色彩字聚集在一起，形成一种色系聚合。这种聚合中的色彩字，不管原来是表纯色还是带"色"名物，最后都有表示纯色的意思。如"葱"原来指一种荤菜（有辛味的蔬菜），后来表示青绿色。我们在这里讨论的，是以从现在的运用来看是否是基本色彩字、是否是传承字或历史字等为标准。按照传统习惯，我们以黑色、白色、红色、黄色、青色和蓝色系列色彩字的顺序对这些色彩字进行分析。

（一）色彩字的色系聚合

1. 黑色系列色彩字

历史上表示黑的字很多，如《广雅》中共收录表示各种事物的黑色系列字、词 30 多个，《说文》"黑"部共记录 37 个汉字，大部分都与"黑"义有关。我们选择了一些来举例说明它们的意义和用法。

黑，甲骨文作"🧍"，金文作"🔲"，突出一个人"脸"（🔲）上、身上有黑点，本义应该是指沾有的黑点，属于借助人形突显某器官特征的指事字，其抽象的色彩义重在用黑点表示。具体演变可参见第四章"色彩字的结构"。

幽，甲骨文、金文字形都是由两个"幺"和一个"🔲"（火）组成，"幺"是细丝，两条细丝"🔲"表示微小，合起来表示"火光微弱"，由此产生幽暗的意思。日本古文字学家白川静（2010）认为"幽"的本义为"黑"。从"幽"在甲骨文中的用例表"黑"来看，白川静的解释（"火烧丝束，使之变黑"）更为合理一些。此字到了后来才产生幽静、幽远等意思。在字形上，由于有的甲骨文将下面的"🔲"（火）简写成"🔲"，金文更是将"🔥"中的"🔥"（火）写成"🔥"、"🔥"，使此字中部的形状与"山"字的字形越来越接近。小篆"🔥"承续这一变化，直接将下面的"火"写成"山"，由此产生了"幽"。

"幽"字的字形演变示意图

玄，金文为"🔵"、"🔵"，小篆为"🔵"，西周金文字形象缠绕在一起的一束丝。与"幺"字相同，春秋金文在上端延伸出来的小线上增加了小点；战国末期小点变横，成了小篆"🔵"所依形体。字形以"幺"为主，表示丝，在开端加黑点进行指事，可能是强调"丝绸上的黑点"。《说文》中"黑而有赤色者为玄"，指黑中带红色，这显然不是字的本义。不过"黑中带红色"在文献中常用来指服饰色彩，如《诗经·豳风·七月》"载玄载黄，我朱孔阳……"；《周礼·考工记·钟氏》染红法"五入为緅，七入为缁"的注释中，提到了"凡玄色者，在緅缁之间，其六入者与"。以上引文中的"玄"都是指帛的色彩。"玄"后泛指黑色，如玄禽（燕子）、玄岫场谷（青山翠谷）、玄霄（黑云）等。

古代"玄"色与"青、赤、黄、白、黑"五正色相比尤为尊贵而独居其上。天之色彩即为玄，为至高无上之色。因玄色内含天道思想，人们以玄象天，祭服也常为玄衣；"以玄拟天"、"玄乃天道"反映了周人的政教思想。孔子提出"羔裘玄冠不以吊"，今人杨伯峻认为"羔裘玄冠"都是黑色的，古代用作吉服。丧事是凶事，因此不能穿吉服去吊丧。可见，玄色是黑中带红，是最为高贵的色彩，玄冠为重要礼服的组成部分，不能参与凶事。

青，本是蓝绿色，蓝绿色浓度极深时呈现黑色，故"青"又有黑色之义。《尚书·禹贡》："厥土青黎，厥田惟下土……"孔颖达疏引王肃曰："青，黑色。"《诗经·小雅·青蝇》："营营青蝇，止于榛。"南朝梁简文帝《乌栖曲》之三："青牛丹毂七香车，可怜今夜宿倡家。"这里的青蝇就是指苍蝇，青牛指黑牛。

缁，黑色。《说文·糸部》："缁，帛黑色也。"《广雅·释器》："帛黑也。"《论语·阳货》："不曰白乎，涅而不缁。"意思：不是说很纯白吗？即使放进污水里，也不会染黑。《论衡·率性》："白纱入缁，不染自黑。"意思：白纱进入黑色的帛中，不用染也会变黑。

绀，深黑透红的颜色。《说文·糸部》："绀，帛深青扬赤色。"即指丝织品深青透红，后来指青色。相传如来的头发为绀发，是绀琉璃色头发。"绀青、绀碧、绀紫"为固定搭配的词语。孔子认为"君子不以绀缎饰"（《论语·乡党》）全句意思是，君子不以深青或黑中透红的颜色的布给平常穿的衣服镶上边当作饰物。邢昺疏："绀，玄色。"

黎，形声字，从黍，利省声。本义为以黍米制成的黍胶，古代用以黏鞋。表黑色时与"鑗"同。《尚书·禹贡》有"厥土青黎"，《释名》也记载"土青曰黎，似黎草色也，则谓借为藜"。《字林》解释"鑗，黄黑也"。《玉篇·黑部》："鑗，力兮切，黑也，亦作黎。"

黔，黑色。会意兼形声字，从黑，从今，今亦声。如"黔首"、"黔口"。《庄子·天运》提到"乌不日黔而黑"，指乌鸦不用日日晒而黑。由于百姓常在外劳作，面容较黑，后来用"黔庶"、"黔民"专指平民，用"黔落"指百姓所居的村落。

黯，深黑色，形声字。《说文·黑部》："黯，深黑也。"汉蔡邕《述行赋》："玄云黯以凝结兮，集零雨之濛濛。"

乌（烏），金文作""，小篆为""，是乌鸦的象形。乌鸦通体发黑，黑色眼睛都看不见，在字形中就比"鸟（鳥）"少一横。古代神话传说太阳里有三足乌，因以"乌"为太阳的代称。由此出现了如"乌阳（太阳）、乌轮（日轮，太阳）、乌焰（红日）、乌照（日光）"等词。后来人们以"乌"指浅黑色，也常用"乌"来修饰衣物、云彩等，如"乌衣（黑衣）、乌巾（黑头巾）、乌丝（黑丝）、乌靴（古代官员穿的黑色靴子）、乌云、乌麻（黑芝麻）"等。

墨，会意兼形声字，从土，从黑，黑亦声，本指书画所用的黑色颜料，因其色黑而产生"黑色"的意义，如"面深墨"

（《孟子·滕文公上》）。其他由"墨"构成的词有"墨绖（黑色的丧服）、墨面（形容面容黑瘦）、墨玉（黑色玉石）、墨衣（黑衣，指丧服）、墨灰（黑灰色）"等。

骊，本指黑色的马。《礼记·檀弓上》："夏后氏尚黑……戎事乘骊。"郑玄注："马黑色曰骊。"后来"骊"字引申指黑色，如《庄子·列御寇》："夫千金之珠，必在九重之渊而骊龙颔下。""骊龙"就是黑龙。

漆，本指漆树，漆树树汁可做涂料，故由漆树义引申出黑色义。《周礼·春官·巾车》："漆车，藩蔽，豻𥜽，雀饰。"郑玄注："漆车，黑车也。"晋葛洪《抱朴子·守塉》："夫聩者不可督之以分雅郑，瞽者不可责之以别丹漆"中的"丹漆"指红黑。

卢（卢），后写作"黸"，原指盛炭燃火的器具，烟火熏黑，因此也可指黑色。《尚书·文侯之命》："用赉尔秬鬯一卣，彤弓一，彤矢百，卢弓一，卢矢百，马四匹。"孔传："卢，黑也。"《说文·黑部》："齐谓黑为黸。"《广雅·释器》："黸，黑也。"

涅，《说文·水部》："涅，黑土在水中也。"本指用作黑色染料的矿石，后引申为黑色。《广雅·释器》："涅，黑也。"《淮南子·说山》："流言雪污，譬犹以涅拭素也。"高诱注："涅，黑也；素，白也。"

皂，本指皂斗，其壳斗煮汁可染黑，引申指黑色。《玉篇·白部》："皂，色黑也。"《史记·五宗世家》："彭祖衣皂布衣，自行迎，除二千石舍。"皂衣就是黑衣，是奴仆穿的衣服。

综合以上20多个表示黑色的字，从字形构造上看，这些字有的是象形字（如"乌"），有的是会意字（如"黑、幽"），有的是指事字（如"玄"），其他多为形声字。在使用的频率上，周秦时期用得最多的表黑义的字似乎是"玄"而不是"黑"，如《诗经》和《尚书》中，"玄"比"黑"用得多。不过，"玄"常常指微含赤色的黑，表示真正黑义的基本色彩字恐怕还是"黑"。周秦以后，"黑"最常用，"玄"渐渐开始表示幽远、深奥等非颜色义。"黑"保留至今成为基本色彩字，而"墨、乌、青"已经不能单独使用，只能加上"色"字表示色彩；其他字大多已经成为古语词，它们所表示的色彩义可能很少为人所知。

2. 白色系列色彩字

白，字形构造还不能确定属于大拇指形、日光形、人面形中的哪一个，但在甲骨文中已专门指白色。具体分析参见第四章"色彩字的结构"。

素，金文字形为"素"，小篆为"素"，是会意字，本义指"本色的生帛"（《汉语大字典》），如"寒衣一匹素"。"织素"就是织布。《管子·水地》："素也者，五色之质也。"尹知章注："无色谓之素"。后来，"素"指白色，如《小尔雅·广诂》："素，白也。"《诗经·召南·羔羊》："羔羊之皮，素丝五绂。"毛传："素，白也。"三国魏钟会《孔雀赋》："丹口金辅，玄目素规。"意思是，（孔雀）有火红的嘴巴、金黄的面颊、黑色的眼珠、白色的眼圈。

颢，白而发光，由表示日光的"景"和表示头的"页"会意，意思是头发像日光一样白。

缟，从糸，高声，是形声字，本指细白的生绢，引申指白色。如《小尔雅·广诂》："缟，白也。"《玉篇·糸部》："缟，白色也。"例如《山海经·海经·海内北经》："有文马，缟身朱鬣，目若黄金，名曰吉量。""缟身"就是"白色的身体"。

皓，从白，告声，本义是白色，或者白色的样子。如《小尔雅·广诂》："皓，白也。"《类篇·白部》："皓，白貌。"如皓手、皓齿。"皓"常常双字连用，起修饰"白"的作用，如《诗经·国风·唐风·扬之水》的"白石皓皓"。《楚辞·渔父》："安能以皓皓之白，而蒙世俗之尘埃乎？"《列子·汤问》："火浣之布，……出火而振之，皓然疑乎雪。"

皜、皡，都表白色，用法跟"皓"相同（在《现代汉语词典》中，"皜"与"皡"为"皓"的异体字），也都是形声字。

皎，从白，交声，本指月光洁白明亮。《说文·白部》中"皎"表示"月之白也"，如《诗经·陈风·月出》："月出皎兮，佼人僚兮。"后引申为洁白。《广雅·释器》："皎，白也。"明代《字汇·白部》："皎，洁白也。"《诗经·小雅·白驹》："皎皎白驹，在彼空谷。"

皙，从白，析声。《说文·白部》："人色白也。"《篇海类编·天文类·日部》（古时"晢"也作"皙"）解释"皙，白色也。本从白"。《周礼·大司徒》："其民晳而瘠。"《左传·定公九年》提到"晳帻而衣狸制"，杜预注："晳，白也。"《诗经·鄘风·君子偕老》："扬且晳也。"毛传："晳，白晳。"不过，很多是"白、晳"连用，如"白晳疏眉目"（《汉书·霍光传》）。

皤，从白，番声，本义为老人的头发白，如《说文·白部》"皤，老人白也"，后来此字引申为"白"，如《广雅·释器》："皤，白也。"《玉篇·白部》："皤，素也。"《尔雅·释草》中的"繁，皤蒿"，郭璞注："即白蒿。"还如颜师古注："皤皤，白发貌也。"

的（dì），从白，勺声，意思是一小点儿白色。这可能与"的"为箭靶的中心，中心常为白色有关。后来泛指白，如《广雅·释器》："的，白也。"如《周易·说卦》中"其于马也，为善鸣……为的颡"，孔颖达疏："白额为的颡。"三国时期，刘备所骑的马为"的卢"，指的是额头边有白色点的名马，跑得快。有一次刘备被蔡瑁陷害，仓皇出逃。的卢载着刘备一跃三丈，飞上对岸，摆脱了追兵，救了主人一命，从而在历史上扬名。

皑，从白，岂声。本指霜雪洁白的样子。《说文·白部》："皑，霜雪之白也。"《玉篇》也解释为"霜雪白皑皑也"。后来泛指白色，如《广雅·释器》解释为"皑，白也"，又如"皑如山上雪，皎若云间月"（卓文君《白头吟》）。

瑳，从玉，差声，指玉色鲜亮，也用以形容物色洁白。《说文·玉部》："瑳，玉色鲜白。"明代《正字通·玉部》："瑳，凡物色鲜盛亦曰瑳。"如《诗经·鄘风·君子偕老》:"瑳兮瑳兮,其之展也。"郑玄注:"后妃六服之次,展衣宜白。"诗句的意思是,(后妃)服饰鲜明又绚丽,软软轻纱做外衣。

以上介绍的十几个白色系列的色彩字,除了"白",其他都是形声字。这些字的应用范围不同,如"白"从古至今可用于各种场合,修饰各种事物。上古时代"素"主要修饰织物,中古时期"素"的修饰能力有所扩展,但稍弱于"白",现在"素"表示白色只是出现在"素车、素服、素沙"等词中。中古以前,"缟"主要修饰织物。"皓"主要修饰人体和月光,如"皓齿、皓首、皓月"。"皎"主要修饰月亮,如"皎洁的月光"。"皙"主要修饰人体,如"白皙的皮肤"。"皑"主要修饰霜雪,如"白雪皑皑"。其他字如"颢、暠、皞"以及"瑳"等都成了历史字,在现代汉语中已不再使用。

3. 红色系列色彩字

红色是中国人最喜爱的色彩之一,也是古代五种正色之一。表红色的有"赤、丹、彤、朱、红、绀、绛、缇、纁、缙、紫、绯、缇、赫、赪、赧、赭、骍"等字。

赤,商代甲骨文中就有,指像火一样的颜色。"赤"使用的范围在古代较广。

朱,甲骨文、金文都作"朱"、"朱",小篆作"朱"。《说文·木部》:"赤心木。松柏属。从木,一在其中。"即"朱"

本身是一种红心树木，松柏的一种。字形是在象形字"木"的中间增加抽象符号"一"构成，是一种指事字。"朱"因其赤心特征，逐渐可指红色的物品，在此基础上进而逐渐抽象出"赤色"义。

比起"赤"，"朱"是深红、大红。"朱"修饰的是服饰、门、车等物品。古代贵族的宅邸大门用朱色，所以贵族之家可以用"朱门"代称，如杜甫《自京赴奉先县咏怀五百字》中有"朱门酒肉臭，路有冻死骨"的诗句。

在古代文献中，表示服饰颜色的"朱"和"赤"具有"散用不别，同用有别"的特点。《左传·成公二年》："左轮朱殷。"杜预注："朱，血色，血色久则殷。殷，音近烟，今人谓赤黑为殷色。"这里用了两个颜色词来表示血的颜色，"朱"是鲜血色，"殷"是鲜血变黑的颜色。

血的赤色，与朱色近似。而且"朱"与"赤"在古代都可以表示正色。《论语·阳货》："恶紫之夺朱也。"意思是，讨厌紫色抢夺了深红色的位置。三国何晏《论语集解》提到"朱，正色也"。《诗经·豳风·七月》："我朱孔阳，为君子裳。"意思是，我染朱红更漂亮，拿给公子做衣裳。唐代孔颖达认为这里的朱红衣裳是君子祭祀时所穿的礼服。朱熹集传也说"朱，赤色"。君子所穿祭祀礼服，色彩鲜明，当为正色。《吕氏春秋·孟夏》："……乘朱路，驾赤骝，载赤旗，衣赤衣，服赤玉。"这里是指天子在不同月令举行礼仪活动时所穿的服饰，当为正色。这里的"衣赤衣"，在《吕氏春秋·仲夏》中作"衣朱衣"。

在一些特定的场合，"朱"和"赤"又有着严格的区分。古人佩戴的"莆"就有严格的朱、赤之分。金文中记载，西周中期以后的命服"朱莆葱晰"，是天子赏给公爵等执政大臣的；"赤莆"是赏给"卿"一级和诸侯的。因此在古代礼制服饰的色彩中，"朱"和"赤"代表不同的等级，朱的等级是最高一级的，是代表天子级别的颜色，朱的颜色要深于赤。

丹，甲骨文字形为"𦈼"，金文为"𦈼"，小篆为"𦈼"。《说文·丹部》："巴越之赤石也，象采丹井，一象丹形。"意思是（"丹"即）巴郡、南越的红色石头，字形象采丹石的井，也象丹在井中形。《吕氏春秋·诚廉》："丹，可磨也，而不可夺其赤。"意思是丹可以打磨使之变形，但它的红色是去不掉的。可见"丹"本指一种红色的石头，即丹砂。"丹"在金文中还没有用作颜色词，而是作为名词指丹砂。周公《梓材》中出现一例："若作梓材，既勤朴斫，惟其涂丹雘。"其中的"丹"仍指丹砂，但不是突显丹砂本身，而在于突显丹砂的颜色。因此可见"丹"在周代及春秋早期还没有演变为真正的颜色词，还正处在向颜色词过渡的时期，到汉代"丹"才成为真正的颜色词，如"丹唇外朗，皓齿内鲜"（曹植《洛神赋》）。总体看来，丹比赤浅。

彤，从丹，从彡，会意字，丹，丹砂。彡，毛饰。本义是红色装饰，如"彤几"（朱漆几）、"彤镂"（涂丹漆并雕刻花纹）、

"彤辇"（朱漆宫车）、"彤壶"（朱漆漏壶）、"彤庭"（彤宫，彤殿，彤廷。汉代宫廷。因以朱漆涂饰，故称）、"彤车"（朱漆车）、"彤弓"（朱漆弓）、"彤矢"（朱漆箭）、"彤闱"（朱漆宫门）。后来"彤"引申出红色，如"麻冕彤裳"（《尚书·顾命》）、"贻我彤管"（《诗经·邶风·静女》），其他还有"彤丹"（朱漆）、"彤芝盖"（朱伞）、"彤彤"（通红貌）；"彤珠"（烧红的铁丸）等。

红，本义是一种粉红色的帛，与丝织品的染色有关，所以带"纟"旁。后来专指颜色，即粉红色，是一种赤、白调和而成的色彩，属于间色，出现的时间较晚。南朝陈后主《紫骝马乐府》中，"红脸桃花色"，指的就是粉红。唐代以后，红开始代替赤，表示深红、鲜红。例如王维《相思》："红豆生南国，春来发几枝。愿君多采撷，此物最相思。"红豆的颜色已经指深红。白居易《忆江南》"日出江花红胜火，春来江水绿如蓝"中的红也指深红、鲜红。现代汉语中"红"用得最多，赤、朱越来越少，可见"红"已经作为红色的代表字，成为基本色彩字之一。

绛，从糸，夅声。形声字，指大红色。《说文》："绛，大赤也。"段注："大赤者，今俗所谓大红也。"比起"朱"，段玉裁认为"朱红淡，大红浓，大红如日出之色，朱红如日中之色也"。他认为日中贵于日出，所以朱比绛尊贵。《墨子·公孟篇》："昔者楚庄王，鲜冠组缨，绛衣博袍，以治其国。"绛是深红色，朱比绛淡，红比朱淡，赤为正红色，按颜色由浅入深则可排列为：

红、赤、朱、绛。

纁，浅赤色。《说文·系部》解释为"浅绛"。《尔雅·释器》："三染谓之纁。"郭璞注："纁，绛也。"《周礼·王之吉服》疏："知玄衣纁裳者：见《易·系辞》：'黄帝尧舜垂衣裳，盖取诸乾坤。'乾为天，其色玄；坤为地，其色黄。但土无正位，托位于南方。（南方）火色赤，赤与黄（合），即是纁色。"《楚辞·九章·思美人》的文句："指嶓冢之西隈兮，与纁黄以为期。"王逸注："纁黄，盖黄昏时也。纁，一作曛。"这样看来，纁色应该属于橙黄色系。因此，纁色应为赤黄色。

绀，深红色，原来指"帛青赤色"（《说文新附》），即黑中带红的丝织品，后来专指色彩"青赤色"，如"君子不以绀缬饰"。此字现在已经不用了。

缙，形声字，从糸，表示与线丝有关，"晋"为声符。本义为"帛赤色也"（《说文》），即红色的丝织品，后来指浅红色。《急就篇》注："缙，浅赤色也。"

绯，形声字，从糸，非声，原来是"帛赤色也"（《说文新附》），即红色的丝织品，后来指红色，如"佩服上色紫与绯"（韩愈《送区弘南归》），以及"绯桃"（红色桃花）、"绯衣"（古代朝官的红色品服或者红色衣服）、"绯袍"（红色官服），现在"绯红"还用来修饰害羞时脸颊的颜色，也有从红色引申为与女性有关的义项，如"绯闻"指桃色新闻。

缇，形声字，从糸，是声。本义为"帛丹黄色"（《说文》），

即红黄色的丝织品，后来专门指丹黄色、红黄色或橙黄色。如
"缇衣"指武士的服装，因衣色丹黄而称之；"缇帷"是橘红色的
绢制帐幕。

赫，从二赤，会意，"火赤貌"，即火红的样子，泛指红色、
火红色。如"赫如渥赭"（《诗经·邶风·简兮》），意思是（舞
罢）容颜红如丹。也指"炎热炽盛"，如"赫炎"（大火燃烧的
样子）。"赫"字连用表示盛大，如"赫赫有名"。

赭，形声字，从赤，者声，原指红土，后来专指红色，如
"其土则丹青赭垩"（《文选·司马相如·子虚赋》）。另外，囚犯
穿的红衣服叫"赭衣"，"赭徒"就是囚徒、犯人。

赪，指浅红色或红色，如"赪面"（脸红）、"赪颜"（脸
红）、"赪尾"（赤色的鱼尾）、"赪霞"（红色的云霞）。也有变红
的意思，如"赪肩"（肩头因负担重物而发红）、"赪怒"（因发
怒而脸红）。

赧，形声字，从赤，㕔声。指因惭愧而脸红，如"鬼即赧愧
而退"（刘义庆《幽明录》），现在还有"赧颜"（羞惭脸红或惭
愧）、"赧愧"（羞惭）、"赧然"（难为情的样子）等词。

骍，形声字，从马，辛声，指赤色的马，后泛指赤色。如
"文王骍牛一，武王骍牛一"（《尚书·洛诰》），再如"骍牲"
（祭祀用的赤色的牲畜）、"骍黑"（赤色牛和黑色猪、羊）、"骍
颜"（因醉而脸红）、"骍骍"（赤色）、"骍红"（红色）。

表示红色的字中，现在仍表示色彩的有"红、赤、朱、丹、

紫、绯、绛、赭";现在只在书面语中使用的有"彤(彤云)、缎、缥、缇、赪、赧(赧颜)、骍";不表示色彩的有"缙、赫"。

4. 黄色系列色彩字

皇,金文为"𝌀"、"𝌀",小篆为"皇",象形字。从金文字形来看,此字的造字本义有两种解释:一是头戴黄金冠冕的帝王。因为上部"👑"为发光的帽子,即王冠;"王"为王,即最高统帅。二是象灯火辉煌形。上面的三点,象灯光参差上出之形,中间的部分象灯缸,下面的"土"是灯柱。"皇"即"煌"的古字。两种说法都能自圆其说,第一种比较新颖,对"皇"后来产生的"大"、"美"、"统治者"等多种意义更加有说服力,可从。"皇"的字形变化很有意思,因有的金文"𝌀"误将"👑"写成"白"(白);而小篆"皇"将金文的"白"(白)写成"自"(自);隶书"皇"又将篆文的"自"(自)写成"白"(白),于是变成"皇"。从字义看,"皇"有黄白色的意思,即浅黄色。《诗经·豳风·东山》:"之子于归,皇驳其马。"毛传:"黄白曰皇,赤白曰驳。"《诗经·小雅·采芑》:"服其命服,朱芾斯皇,有玱葱珩。"意思是穿上朝廷礼服,红色蔽膝亮堂堂,绿色佩玉玱玱响。

绞,《集韵·爻韵》:"绞,苍黄色。"《礼记·玉藻》:"绞衣以裼之。"郑玄注:"绞,苍黄之色也。"

芸，草木枯黄色。《诗经·小雅·苕之华》："苕之华，芸其黄矣。"毛传："将落则黄。"孔颖达疏："芸为极黄之貌。"《集韵·焮韵》："芸，草木落之色。"

缃，形声字，最早见于汉代文献，指浅黄色的丝织品。汉以后，"缃"已常用于泛指浅黄色，如"缃帙"是浅黄色书套，借指书卷；"缃素"是古代书写用的布帛，借指书卷。"缃"本指帛色浅黄，如《艺文类聚》卷八十七引《广志》："（芋）少子，叶如彻盖，缃色紫茎。"唐宋以后渐少使用。

黇，黄色。《集韵·厚韵》："黇，黄色。"《谷梁传·庄公二十三年秋》："礼，天子诸侯黝垩，大夫仓，士黇。"范宁注："黇，黄色。"这里指不同等级的服装色彩。

黔，黄色。《玉篇·黄部》："黔，黄色。"《素问·六元正纪大论》："其谷玄黔"，王冰注释为"黄"。

颣（kǎn），因饥饿而面黄肌瘦。《说文·页部》解释为："饭不饱，面黄起行也。"《楚辞·离骚》："长颣颔亦何伤？"洪兴祖补注："颣颔，食不饱，面黄貌。"

"黄"是从古到今一直使用的高频字，而此系列的其他字则很少，很多在隋代前大都只出现过一两次。对应《现代汉语词典》，表示黄色色彩的只有"黄"，"缃"只用于书面语，而其他黄色系列字都属于历史字了。

5. 青色系列色彩字

青色系列色彩字有"青、绿、翠、碧、苍、黛、缥、缤、蓝、葱"等。

青，甲骨文为"🔯"，金文为"🔯"，小篆为"🔯"。隶书"青"误将篆文的"丹"（🔯）写成"月"（🔯），导致字形费解。从甲骨文与金文的字形来看，"青"为形声字，从丹，生声，本义指一种丹类，常采自矿井。

在古代，青可以指绿色、蓝色和黑色。一般来说，"青"表示绿色时主要形容自然景物，即草木之绿，如"青山绿水"。"青"也指晴天之蓝，形容天色，如"青天"。中古以后，"青"也指黑色，但是运用范围有限，主要用以形容头发、眼睛。元明以后在口语中，"青"也可以指染织物的颜色，如"青衫"。由"青"表示的黑色，实际上是一种深蓝近乎黑的颜色。在民间染坊中，用蓝靛染白布，第一次下缸染出的布色俗称"月白"，将"月白布"下缸再染，染出的是"毛蓝"（深蓝色），将"毛蓝布"下缸再染，得到的就是"青布"，乍看是黑色，但就着日光细审，则可见其蓝色本相。所以，准确地说，"青"应是蓝而深得近乎黑的一种颜色。有时"青"也表示灰、灰黑、灰褐等色，如灰黑色的铅称"青金"。因此，先秦时期"青"字代表蓝、绿两色，需要根据上下文进行具体区分。中古时期分出"绿"，又产生"蓝"，现在"绿"、"蓝"二字完全取代了古代"青"字绿色、蓝色的义项，而"青"字表示三种色彩的用法依然完整地保留在中古以前的文学作品中，或者是沿用至今的成语、谚语等固定结构中。

青与绿的关系是怎样的呢？

"绿"的得名与染丝织品的染草"菉"（荩草）有关，是一种介于青和黄之间的颜色。在文献中主要用于形容植物叶子的颜色。在《楚辞》中有"绿叶素荣，纷其可喜兮"（《楚辞·橘颂》），再如"绿叶兮素枝，芳菲菲兮袭予"（《楚辞·少司命》）。汉代注释家认为"绿"就是"青"，那二者有什么区别呢？先看古代二者同时出现的例子。

"绿竹青青"（《诗经》）形容一大片茂盛的王刍（菉）和萹竹的颜色。"秋兰兮青青，绿叶兮紫茎"（《楚辞·少司命》）的意思是，远看秋兰是茂盛的青青之色，仔细观察发现它是一种茎紫而叶绿的植物。

一大片绿色植物的颜色和一片绿色叶子的颜色是不同的，一大片绿色植物的颜色更浓一些，接近我们今天所说的蓝绿色，可以用"青青"来形容；一片绿色的叶子是黄绿色，有黄色成分在里面，可以用"绿"描绘。观察植物被时，观察者要与所看植物保持一定的距离；观察叶子时，观察者一定得近距离观察。再如"青山绿水"中的"青山"不能用"绿山"代替，因为青山表示植被茂盛的山，是从远处眺望群山所得的印象。如果在冬天远望北方的山，萧瑟一片，这时绝对不能说"青山"，比较恰当的描述应该是"荒山秃岭"了。"绿水"的观察点应该是比较近的。这样说来，"青"是远看植物所观察到的色彩，而"绿"是近看植物所观察到的色彩，古人区分得很清楚，如"朱绿染缯，深而繁鲜"（南朝梁刘勰《文心雕龙·隐秀》）。

缥，本指"帛青白色也"（《说文·糸部》），即青白色的丝织品。汉以后，引申指青白色、浅青色，唐宋以后渐少用。《三国志》："权尝入其堂内，（蒋钦）母疏帐缥被，妇妾布裙。权叹其在贵守约。"由"缥"构成的书面语有很多，如"缥帙"（浅青色的书套，泛指书卷）、"缥缃"（书卷之别称。淡青色的帛为缥，淡黄色的帛为缃）、"缥囊"（浅青色的书袋）、"缥瓦"（琉璃瓦）、"缥酒"（酒名，一种绿色而微白的美酒）、"缥粉"（淡青色的粉末）、"缥醪"（酒名，一种浅青色的美酒）、"缥玉"（浅青色的玉）、"缥色"（淡青色）、"缥瓷"（浅青色酒瓶）、"缥被"（淡青色的被）、"缥带"（淡青色的带子）、"缥碧"（浅青色）等。

翠，青绿色，本指翠鸟。《说文·羽部》："翠，青羽雀也。"引申为青绿色，汉代司马相如《上林赋》："扬翠叶，抚紫茎。发红华，垂朱荣。"柳宗元《小石潭记》："青树翠蔓。"还有"翠柳"、"翠竹"的说法。此字还指色调明亮，如"翠旍"（色泽鲜明的曲柄旗）、"翠墨"（色泽鲜明的墨、色泽鲜明的字迹）、"翠灿"（鲜明的样子）。

葱，青绿色。本指葱类植物，《玉篇·艸部》："葱，荤菜

也。"引申指青绿色,《尔雅·释器》:"青谓之葱。"郭璞注:
"浅青。"如"服其命服,朱芾斯皇,有玱葱珩"(《诗经·小
雅·采芑》)。毛传:"葱,苍也。""葱青"指淡淡的青绿色。

苍,本为草色,草色也是青色,如"春为苍天"(《尔雅·释
天》)。"驾苍龙"(《礼记·月令·孟春》),注:"苍亦青也。"
又如"苍山"(青山)、"苍苔"(青苔)、"苍头"(旧指仆人,
由于汉时奴仆皆以深青色巾包头;又指老年人)。由于草色多变,
有深青色,也有浅青色,还有淡黄色。当偏重于浅色时,便有了
"苍白"(灰白色):浅青色一大片时,用叠字表示,如"苍苍"
可以指天色,也可以指两鬓花白的样子。

缥,用草染成的一种黑黄而近绿的颜色。《说文·糸部》:
"缥,帛戾草染色。"段玉裁改为"帛草染色也"。《说文·艸
部》:"可以染留(流)黄。染成是为缥。""建武元年,复设诸
侯王金玺缥绶。公侯金印紫绶。"(《东观汉记·百官表》)

蓝,晴天天空的颜色,本指蓝草。《说文·艸部》:"蓝,染
青草也。"引申指浅青色,《尔雅·释鸟》:"秋扈,窃蓝。"郭璞
注:"窃蓝,青色。"孔疏:"窃蓝,浅青也。""至恶之质,不受
蓝朱变也。"(《论衡·本性篇》)

碧,形声字,从玉、从石,白声。本指青绿色的玉石。《说
文·玉部》:"碧,石之青美者。"后指青绿色,如"碧,青也",
又如"春草碧色,春水渌(绿)波"(江淹《别赋》)、"碧峰巉
然孤起"(宋陆游《过小孤山大孤山》)。

黛，从黑，代声。本来指青黑色的颜料。古代女子用以画眉，也用于绘画，后引申为青黑色，如"霜皮溜雨四十围，黛色参天二千尺"（杜甫《古柏行》），再如"黛烟"（青黑色的烟）、"黛青"（青黑如眉黛）、"黛蓝"（深蓝色的山）、"黛岑"（青黑如黛的山峰）、"黛眉"（女子眉毛的代称）。

青色系列字中，现在表示色彩的有"青、碧、绿、缥、葱、苍、翠、蓝、黛"，其中"绿"为最常用的色彩字，"缥"一般用在书面语中，"缤"现在已经不表示色彩意义了。

6. 蓝色系列色彩字

春秋时期或者更早一些，人们已使用蓝草制取青蓝色。不过，表示实物的"蓝"并没有很快成为专指蓝色的色彩字，在很长一段时间里这样的色彩字也一直没有出现，这恐怕跟当时语言中已经有"青"、"碧"、"缥"等兼指蓝色的色彩字有关。唐以前，蓝色主要由"青"兼指，甚至直到唐代，在比较正式的书面语中，蓝色仍不称"蓝"而称"青"。《高宗纪》载龙朔二年九月，司礼少常伯孙茂道奏："八品、九品旧令着青乱紫，非卑品所服，望今着碧。"实际上，在"蓝"成为表示蓝色的基本色彩字之后，"青"仍十分频繁地被用来表示蓝色。

（二）色彩字的传承

现代汉语的基本色彩字是汉语从古至今变化发展的产物。作为记录语言、传播社会文化的符号，当一个字所记录的信息在社会的言语活动中消失的时候，就代表这个文字符号也会随之退出而变成"死字"，即"消亡字"。同时，也有一部分字经过选择而被保留了下来，成为"传承字"。曾经有很多表示色彩的字，现在都已不用，只留下 11 个基本色彩字。以表示黑色的字为例，在上古时代，有"玄、黑、缁（淄、纯）、墨、骊、黝（幽）、青、黔、乌、漆、黸、黎（黧）、兹（滋）、绀、皂、铁、涅、黯"等 20 多个字，分别都有文献记载。除了"黑、墨"传承下来，其他都成了历史字，其黑色义大多被"黑"替代了。再看表示白色的字，古代有"白、的、素、晳、缟、皦、皤"等近 20 个字，现在只有"白"字使用至今，其他也成为古语，需解释才能让人明白。

这些曾经帮助古代社会的人们辨别事物的表色名物字，一方面是因为人类的概括能力有所提高，可采用基本色彩字的组合以及其他方式来指称和描绘不同事物的色彩，另一方面可能是因为表色名物字所指事物已经消失，记录它们的普通色彩字也就基本不用了。比如《说文》中共有 155 个色彩字，与现代汉字常用字对比发现，除了基本色彩字"黑、白、红、黄、青、绿、蓝、紫、褐、灰、橙"外，传承下来的只有"素、杂、翠、苍、乌、幽、粉、漆、蚁、阴、葱、皇、碧、丹、彤、黔、墨、玄、普"等 20 多个字。再与《现代汉语词典》（2005 年修订版）的字头对比，发现有91个得以传承，64个已经消亡①。具体情况为：

（1）与人体有关的色彩字（13/23②）：晰、皤、赧、颓、鑪、墨、皇、黔、黜等。

（2）与布帛服饰有关的色彩字（27/39）：缥、绛、缙、绯、红、緗、缟、素、缁、杂、缛、缥、绿、紫、绀等。

（3）与家畜禽兽有关的色彩字（8/17）：鬻、鹤、乌、蚁、骊、翰、翠、驳。

（4）与草木果实有关的色彩字（5/10）：蓝、粉、苍、朱、葱。

（5）与金属玉石有关的色彩字（10/12）：璃、瑕、丹、彤、磲、碧、璬、铁、绿、莹。

（6）与自然现象有关的色彩字（28/54）：兹、黑、黯、點、涅、漆、玄、焦、阴、幽、冥、黝、黄、青、白、皎、皑、煦、炜、赤、赫、普等。

从统计结果来看，《说文》中的色彩字只有21%存在于《现代汉语常用字表》中，其中约79%的字已经退出常用字的行列。其中与人体有关的色彩字消亡比例最大，与草木果实、金属玉石相关的色彩字则发展较为稳定。同《现代汉语词典》比较发现，

---

① 卢翠：《〈说文解字〉颜色字研究》，信阳师范学院硕士学位论文，2012年。

② 第一个数字为在《现代汉语词典》中传承的字数，第二个数字为《说文解字》中该类字的总数。

与布帛服饰、金属玉石有关的色彩字传承的比例较大，分别为69%和83%。从以上的统计中可以看出，随着社会的发展，与金属玉石有关的色彩字发展最稳定，这可能与金属玉石本身稳定的属性有关。消亡字数比例较大的则是与家畜禽兽、草木果实等有关的色彩专用字，其消亡比例分别达到了56%、50%，这跟畜牧、采集、狩猎等生产活动不再是人们主要的活动有关，也跟人们认识事物与概括事物的能力的提高有关，还与常用色彩字使用频率的提高有关。

六、色彩字的象征意义

　　基本色彩字、词除了用于表示五彩缤纷的色彩外，还被大量地用于比喻他物，使其具有引申意义和象征意义。而且这些意义远远超出了它本身所表达的色彩意义，例如白色表示纯洁、庄严、诚实、懦弱；绿色表示青春、安全；红色表示热烈、喜庆、热情奔放；黑色表示悲哀、凶恶、不光彩；黄色表示智慧、勇敢；蓝色表示尊严、忧郁、真理、不成熟；紫色表示高贵、华丽、财富；灰色表示消极、保守、黯淡等。这些色彩字、词的象征意义给予我们广阔的想象空间，使我们可以在这个空间里尽情地遨游。

（一）黑色系列字

　　黑色本是煤炭的颜色，如"黑墨"、"黑粉"，也指无光亮，如"黑夜"。黑色与五行中的水对应，与五方中的北方、五帝中的黑帝、四季中的冬季对应。

　　1. 黔与庶民，黑、皂、乌与仆役
　　黔作为黑色，主要用来指称百姓。秦始皇自认为秦王朝属水德，所以崇尚黑色。秦代百姓以黑布裹头，称为"黔首"，黔就是黑色的意思。黔首，又可称为"黎首"，"黎"亦有"黑"义，"黎元"、"黎氓"、"黎庶"、"黎民"、"黎萌"、"黎烝"都指百姓。另外还有"黔黎"，是"黔首"、"黎民"的合称。这些都反映出古代普通百姓具有崇尚黑色的特征。

黑、皂均是黑色。古代的普通宫廷卫兵或者衙门差役一般穿黑色衣服，因此产生了"以衣代人"的称谓。"黑衣"是战国时期宫廷卫士的服饰，也是宫廷卫士的代称；唐代"品色衣"成为定制，规定士兵穿皂色衣服，因而"皂隶"指差役或者奴隶、奴仆，"皂头"便成了衙门差役的头领。"乌衣"即黑色衣，古时为贱者之服。但"皂衣"一词，却是特例，它是汉代官吏的制服，这可能与汉初承袭秦制，以黑为水德有关。

佛教传入中国，佛教徒穿黑色僧衣，可能那时候人们认为黑色是肃穆庄严的颜色。

2. 黑与恶、非、反动

黑色是暗色，引申为黑暗，没有光亮。因此一切暗中进行的、不光明正大的事都可用"黑"来形容。如"黑市、黑货、黑钱、黑店、黑帮、黑话、黑社会、黑心黑肺、背黑锅"等。丑化某事叫"抹黑"；把非法钱款合法化是"洗黑钱"；"黑人"指没有户口的人；"黑户"指没有户口的家庭；"黑车"指没有牌照或者没有营业执照的车。

黑色是暗色，白色是亮色，黑与白相对，因此人们常用"黑"来比喻谬误、邪恶，用"白"比喻正确和纯洁。"黑白颠倒"或者"颠倒黑白"比喻是非不分、善恶不辨；"黑白分明"比喻是非严明、处事公正；"皂白"即黑白，可比喻是非；"黑暗"一词常用以形容社会腐败。

在佛语中，"黑白"是"善恶"的别名。因而，佛语"黑业"，即恶业。另有"黑沙地狱"、"黑绳地狱"之说，其中的"黑"也含有恶、凶之义。随着佛教的传入以及佛教影响的不断扩大，这些佛教术语中"黑"的内涵自然也会被人们所接受。时至今日，"心黑"、"手黑"、"黑爪"等词语中的"黑"，依旧包含"凶"、"恶"之义，"心黑"指心恶毒，"手黑"指手段恶毒。

在"文化大革命"中，"黑"象征反动，大概是受外国文化的影响。1905年以后，由警察、宪兵、保皇党组成镇压工人运动的武装匪帮时称"黑帮"。中国革命运动吸收了这个词的文化义，也把发动集团称"黑帮"，"文革"中加以扩展，就有了"黑手、黑干将、黑秀才、黑后台、黑爪牙、黑笔杆子、黑五类"等词。

3. 墨、黥与辱罚

在古代，黑色还可用于表示羞辱与惩罚。古时有"墨刑"，又称"黥"，指用刀在犯人的脸上刺上记号或者文字，再涂上墨，其本质就是以黑色为罚。此外，中国古代还有象刑（"象刑"一词来自《尚书》），即通过让受刑者使用带有某种特别象征意义的图像的衣物或器具，从而达到惩罚犯罪者和警诫其他人的目的，如《尚书·大传》记载"虞舜象刑，犯墨者皂巾"，指尧舜时期，触犯墨刑的人改用象刑，即戴上黑头巾，这种刑罚对于人精神的摧残和伤害，并不见得比肉体刑罚轻，因为象刑的刑罚影响是持续一生的。

将黑色与辱罚相联系的先民意识，在其他一些表示"黑"的字中也有充分的体现，如司马迁《报任安书》："适足以见笑而自点耳。"句中"点（點）"乃"污"、"辱"之义；《后汉书·崔骃传·达旨》"进不党以赞己，退不黝于庸人"中的"不黝"，就是"不蒙辱"、"不被玷污"之义。另有"黜"，意思为贬斥、废免，贬义。这三个字都以"黑"为义符，都有辱罚之义，足证黑色确实具有辱罚之用。到现代，"往脸上抹黑"、"背黑锅"等词语中的"黑"，依旧含有这个义项。

4. 黑、玄与北方

按五色、五方的规定，黑色对应北方。因而，黑系字族常与北方有关。《史记·天官书》："黑帝行德，天关为之动。"张守节《正义》："黑帝北方叶光纪之帝也。""黑帝"为主北方之神。

"玄"本指黑色带红，也可泛指黑色。《说文》："玄，幽远也。黑而有赤色者为玄。"因而，"玄"也可指北方。《吕氏春秋·有始》："北方曰玄天。""玄天"即北方之天。在古代，"诸侯王始封者必受土于天子之社"，封于北方者取黑土，称"玄社"。"玄社"即黑土,也作"玄土",代表北方。"玄武",古指北方太阴之神,其形象为龟,一说为龟蛇合称。《楚辞补注》:"玄武,谓龟蛇。位在北方,故曰玄。身有鳞甲,故曰武。"因而,北方"斗、牛、女、虚、危、室、壁"七宿总称"玄武",其形如龟;凡处于北方的事物亦多称"玄武"。南京的玄武湖,就是因为处钟山之阴而得名。另,古籍中的"玄帝",指北方之帝,所以"玄海",也指北方之海;"玄宫",指位于北方的宫殿;"玄朔",指北方之地,在北为"玄堂";长城也因位于北方,故又称"玄塞"。

以上词语中的"黑"与"玄",都含"北方"之义。

5. 玄与季节

五色与季节相配,黑色对冬季,其关联主要体现在"玄"这个字上。"玄冬"即冬季,《尔雅》也称为"玄英";"玄明"指冬至时,日光斜射北半球,光稍暗;"玄阴"指冬季,农历九月底。上述词语中的"玄",皆含有"冬季"之义。

6. 玄与天及帝王

"玄"是赤黑色,在古人心目中,"玄"乃天青色,正如《易·坤》所言:"天玄而地黄。"由此,"玄"由天之色,进而可以指称天。"上玄"即上天;"玄官"指掌祭天的官;"玄区"指天域;"玄浑"指天宇;"玄黄"指天地;"玄间"指太空;

"玄象"即天象。

因"玄"可指天，因而天子、帝王、天帝等也就都与"玄"有了密切的关系。在古籍中，"玄泽"指天子的恩泽；"玄阙"指天门，后世也用它来泛指宫殿。

7. 黑与不祥、悲哀

西方的白色属秋，北方的黑色属冬。古人认为秋收冬藏，万物凋谢，生命接近尾声和消亡，带给人的是悲叹和哀伤。而按照阴阳五行学说，水在季节上属冬，颜色为黑，在音律上属阴，阴主刑杀。另外，传说中的阴曹地府也是一个阴森可怕、暗无天日的地方，因而，汉语中的黑系字词又可用来表示凶、不祥之义。

"黑杀"一词，旧谓"凶星"，常比喻凶恶苛政，也作"黑煞"。如《水浒传》第三十七回："才离黑煞凶神难，又遇丧门白虎灾。""黑祲"指不祥之气，比喻战祸。"黑道"旧时指迷信，代指不祥的日子。在现代民俗中，黑色往往用于殡葬丧礼，如"黑嶂、黑纱、黑框"，传递着生者对死者的哀悼。

8. 黑与庄重、高贵

"黑"在服饰中有高贵、华美的意思。《诗经·缁衣》反复吟咏"缁衣"，缁衣就是指黑色衣服，在当时，缁衣是卿大夫的朝服。秦灭六国，一统天下，根据"五德终始"之说，"秦得水德，其色尚黑，衣服、旄节、旌旗皆以黑色为上"。西汉时，张苍认为汉朝能兴起是因为得到了"五行"中的水德。因而,黑色的袍服成了帝王、官员的朝服。

如果纯粹从审美的角度来说,国际惯例中服饰方面以"黑"为高贵色、庄重色,如在高档宴会中,女士常穿黑色礼服;正式会议上,男的一般也穿黑色服装。俗话"女要俏,一身孝;女要美,一身黑"说的也是同一道理。社交场合中的正式礼服被称为"黑色领带"(black tie);跆拳道高手被称为"黑带(black belt)选手";"黑马"是19世纪产生的一个词,与"黑色"无关,比喻实力难测的竞争者或出人意料的优胜者。可见,黑色可带给我们高雅、信心、神秘、权力和力量。

"黑"在古人的心目中,原本只是火熏而成的色彩。黑色在古代用于服饰,也曾有过不错的口碑,显示出高贵和庄重。在中国戏曲脸谱中,色彩既表达着人物的性格,也寄寓着设计者对人物的好恶、褒贬之情,如"红忠、黑直、粉奸、金神、杂奇"。其中的"黑",便具有褒义。如包公就勾着黑脸谱,象征着秉公执法、铁面无私、一身正气、刚正不阿,显然具有褒义。五方、五色、阴阳五行以及佛教的影响,给汉语中的黑色系列字、词附上了五彩斑斓的人文内涵。但从古至今,"黑"的象征义、比喻义等大多是贬义。在中国,黑色以及黑色系列字、词的文化内涵还是以不祥、凶丧、黑暗、邪恶、辱罚等贬义为主,所以黑映射于民俗文化心理上依旧是不祥、凶丧、黑暗、邪恶、辱罚的象征。

（二）白色系列字

白，本义是白色。有人认为其字形从日，因为日光是白色的。白与五行、五方、五帝、五季分别对应的是金、西方、白帝、秋季。

1. 白、素与朴素、纯洁

白色不掺杂其他色彩，纯洁、单纯，为人们喜爱。白色即白云、白雪、白玉的颜色，因而，自古人们常用白色象征朴素、高雅、纯洁、高尚、光明等，如"洁白"、"清白"，成语有"洁白如玉"、"白璧无瑕"等。古代以白玉为重宝，就是取其品质高洁之意。唐代吴兢《贞观政要·公平》："小人非无小善，君子非无小过。君子小过，盖白玉之微瑕；小人小善，乃铅刀之一割。"这就是"白璧微瑕"的来源，可见人们对白玉的崇尚和喜爱。

"素"也有纯洁的意思。"素心"指心地纯洁；"素友"指情谊纯洁的朋友；"旧友"也作"素交"；"素尚"指清廉高尚的情操；"素风"指纯朴洁白的风尚（常指家风或遗风）；"素业"即清素之业；"素节"即清白的操守、气节；"素对"即清白的配偶；"素履"即淳朴的行为；"素朴"即朴素，指简朴无华。

2. 白与祥瑞

白色是明亮之色，所以古人认为当政治清明时，祥瑞的动物就会出现，国家就会吉祥。

白色的动物因其毛色洁白而被视为祥瑞，如"白鹿，王者明惠及下则至"（《宋书·符瑞志》）；"白雉，王者德流四海则见"（《春秋感精符》）；"白狼，王者仁德明哲则见"（《瑞应图》）；在《史记·周本纪》中提到白鱼，"武王渡河，中流，白鱼跃入王舟中，武王俯取以祭"。另外还有白狐、白燕、白麒等。

自唐朝以降，北方各族经常向中原王朝进贡白色动物，这些动物被认为是最高贵的贡品，甚至各族进贡之事经常被作为重要事件载入史书。以西夏为例，929 年"夏州进白鹰"于唐明宗；1045 年，"元昊贡白鹘于契丹"（《西夏书事》）。清朝时，蒙古各族表示向中原王朝臣服的重要象征就是"九白之贡"，即呈献八匹白马与一匹白骆驼。

色彩字、词作为文化层次的符号，往往身兼表示正反、善恶、褒贬的双重身份。如"黑"既是低贱的服色，也是高贵庄重的色彩；"红"既是喜庆的色彩，也有危险的意思。"白"也是这样，既有表示凶险、不祥的意思，也有表示吉祥的意思。孔颖达在为《春秋左传序》作的疏解中说："麟、凤与龟、龙、白虎五者，神灵之鸟兽，王者之嘉瑞也。"这里的"白虎"就是嘉瑞。

3. 白、素与庶人、平民的身份

白色因无杂色，空无所有，所以古代把没有功名、官位的人称"白丁"、"白身"。刘禹锡《陋室铭》："谈笑有鸿儒，往来无白丁。"

秦始皇规定百姓穿白袍，唐代亦规定百姓穿白色衣服，所以，白色在古代是庶人、平民的标志，是未当官之人的服色。古代的"白衣"，指贱民，犹后世称为"布衣"；没有功名的读书人叫"白衣秀士"，如《水浒传》中有个白衣秀士王伦，科考不中，愤而落草为寇；科举考试中了，但未被授予官职者称"白衣公卿"；退休的官僚因失去功名但仍有权势，古代称他们是"白衣某某"，如"白衣尚书"、"白衣宰相"等；"白衣"也指替官府办事的小官吏。"白丁"、"白民"，指平民，没有功名的人，犹言"白身"。"白士"，犹言"寒士"。"白身"也指授官而未通朝籍者，亦称"白身"。不过需要注意的是，无功名者习惯穿白色的衣服，这白衣是用白色的棉布或丝织品做成的，跟丧服是用白色麻布做成的不同。

古代平民用茅草盖屋，不施彩，称"白屋"，因而，"白屋"亦可指平民；古代未仕者戴的白帽称"白帢（qià）"；庶人所穿的服装称"白袍"，而士子未仕者亦服白袍。这一系列的"白"，都是庶人、百姓的标志，透示出未仕、低贱的信息。

"素"作为白色，也有类似的用法。如"素士"指贫寒的士人；"素王"指有帝王之德而未居其位的人；"素身"指无官爵的人，同"白丁"；"素官"指无实权的闲官，也叫"素宦"；"素门"指平常门第；"素室"指平常人家；"素封"指无官爵封邑而拥有资财的富人，也叫"素侯"；"素相"指有宰相之才而未居相位的人；"素族"指普通氏族，是相对世家豪族而言的。

4. 白与正确、善

白与黑，在视觉上形成了鲜明的对比。白色纯净而无瑕，黑色却恰恰相反，因而，自古以来，黑白相对，用来比喻是非善恶。屈原《楚辞·怀沙》："变白以为黑兮，倒上以为下"，以"黑白颠倒"比喻当时的君王是非不分、善恶不辨。"黑白分明"，指清浊、是非分明。另有"皂白"、"黑白"，也可用来比喻是非。在古印度佛教思想中，很早就出现了尚白信仰，"白"象征着纯洁与善良，因而，在佛家语中，"黑白"是"善恶"的别名。《俱舍论》卷一六云："诸不善业一向名黑，染污性故。色界善业一向名白，不杂恶故。"因而，佛家语"白业"即善业。

5. 白与西方

《说文》云："白，西方色也。阴用事，物色白。从入合二；二，阴数。"这一解释，为我们提供了有关白色的两个文化信息：一是白色为"西方色"；二是白色与"阴用事"有关。按五行、五色、五方的关系，白色对应西方。因而，汉语中的白色系列字、词常与西方有关。"白虎"是西方七宿的合称，道教所奉西方神亦称"白虎"，同"青龙、朱雀、玄武"合称四方之神。"白帝"是五帝之一，主掌西方。"白招拒"即西方白帝之神。而"白海"指西方之海。以上词语中的"白"，都含有西方之义。

6. 白、素与秋季

五行、五色与季节相配，以金配秋，其色白，故白色对秋季。晋张协《文选·七命》："若乃白商素节，月既授衣。天凝地闭，风厉霜飞。"其中的"白商"即秋天。"商"乃"五音"之一，古人以商配秋。《礼记》："孟秋之月，其音商。"故而，古人用"白商"指秋天。《尔雅·释天》："春为青阳，夏为朱明，秋为白藏，冬为玄英。"郭璞注："气白而收藏。""白藏"亦指秋天。传说黄帝时，以云命官，秋官为白云。刑部属秋官，故亦称刑官为白云之司。西汉时期，一年四季按五时色朝服，即春季用青色，夏季用朱色，季夏用黄色，秋季用白色，冬季用黑色。这里的白色，也是用来与秋季对应的。

"素"本指白色生绢，后引申指白色。因而，"素商"、"素秋"皆指秋季。另有"素风"指秋风，而上面诗句中的"素节"，则指秋令时节。

7. 白、素与凶丧、不祥、死亡

西方是冷风吹来的方向。秋季万物枯黄、凋零，含肃杀之气，带给人的是悲叹和哀伤。因此白色象征凶丧，是丧服的颜色。古代人死后，家属要披麻戴孝，设白幔灵堂，出殡挂白幡，烧白纸钱，民间称办丧事为"白事"。《史记·刺客列传·荆轲刺秦》写太子及宾客知其事者皆白衣冠而送之。中国古代处决犯人一般也在秋天。因而，代表"秋"的西方白色在古人心目中是不吉利的颜色，是死亡、凶丧的标志，因此，白色以及汉语中的白色系列字、词也附加上了凶丧、不祥之义。

"素服"、"素衣"在我国自古以来就是丧服，另有"素车"、"素饰"、"素履"、"素车白马"，这些词语在古代皆用于指代凶丧之事。古代占卜，把丧事的征兆叫做"白衣会"。汉代帝室有丧，公卿素服而朝，亦称"白衣会"。汉语中的"白事"，是凶丧之事的代名词，自然也是发轫于"服丧衣白"的习俗。

古代遇到大灾，或是大夫等离开自己的诸侯国，在跨越国界后也会穿"素服"以示悲伤。如《周礼·春官·司服》："大札、大荒、大灾，素服。"再如《礼记·曲礼》："大夫、士去国，逾境，为坛位，乡国而哭，素衣、素裳、素冠。"

旧时认为罕见的白色禽兽突然出现，也是不吉之兆，称"白祥"；古代观云色，辨吉凶，"白虹贯日"是古人最畏忌的，认为是"兵象"，是凶杀的前兆；白虎，旧时古人以之为凶神，因而坏女人被称为"白虎星"。

因白色代表西方，西方又是日落之处，所以"西"也含有"死"义，诸如"一命归西"、"上西天"。

8. 白与反动

五四运动后，白色吸收了新的意义。在俄国的无产阶级革命运动中，白色象征反动，反动军队被称为"白军"、"白匪"；流亡国外的反动分子被称为"白俄"。马列传入中国，中国的革命者称国民党反动派为"白军",称反动政权控制的地区为"白区"。新中国成立后,人们把只埋头研究技术而不关心政治的知识分子叫"白专分子",而这些政治文化意义都是外来的。

9. 白的其他用法

"白"还可引申指弄明白、空白、愚蠢、徒然、轻视等义,像"不白之冤、白卷、白搭、白痴、一穷二白、白干、白眼"等就含有这些义项。

综上所述,在中国,"白"既是凶丧不祥之色,又是祥瑞纯洁的象征,"白"表示凶丧不祥之义时,与"红"的吉庆祥瑞之义相对,如"红白喜事"中的"红事"与"白事"相对。由"凶丧"之义引申为腐朽、反动等贬义,也正好与红色相对。人们称革命性的事物为"红",如"红区"、"红都"、"红军"、"红色政权"等;称反动的事物为"白",如"白区"、"白军"、"白匪"、"白色政权"、"白色恐怖"等。当然,"白"也象征"纯洁"、"高尚",这时便与"黑"相对。

(三)红色系列字

红色是人类最早使用的色彩之一,在世界上许多地方的原始岩画上、新石器时代的陶器上都可见到红色颜料的使用痕迹。红色系列词是中国内涵最为丰富的一个词族,这一现象的出现,直接源于中华民族的尚红习俗。这一习俗的形成主要有三大原因：一是自然崇拜；二是受五行、五方、五色、五德等学说的影响；三是与红色的自然属性、古人的审美情趣有一定的关系。一般认为，红色属暖色，人们看到它便可联想到骄阳、烈火、热血、鲜花等，从而引起热烈、兴奋、决心、警觉、喜爱等情感，并由此产生诸多的联想义与象征义。

1. 赤、丹、朱与尊贵、庄重

中华民族的尚红习俗自炎帝时期起一直延续至今，汉语中的红色系列字、词也因此具有了远远超越其自然属性的浓郁的人文色彩，充溢着丰厚的文化底蕴，具有独特而又鲜明的民族特色和民族风格。在此，仅就最具典型意义的"赤"、"朱"、"丹"加以论述。

"赤"作为古人心目中的正色之一，从大，从火。自炎帝以来的尚赤之风，给赤色赋予了政治上的正统地位。由此，赤色便自然而然地与王侯显贵、朝廷京城结下了不解之缘，"赤"也因此承载了与王侯显贵、朝廷京城密切相关的文化内涵。"赤霄"指帝王所居的京城；"赤城"指帝王的宫城；皇帝宫殿阶地涂丹漆，称为"赤墀"或"丹墀"；"赤衣"是高官所穿的衣服；"赤舄"是帝王及贵族所穿的礼鞋；"赤车"是显贵者所乘之车；京师叫"赤邑"；京师各县的县尉叫"赤尉"；京师所治县的县令叫"赤令"；中国被称作"赤县神州"，简称"赤县"。

"丹"、"朱"与"赤"同在正色之列，因而与"赤"有着同样的用法：帝王的宫殿叫"丹宫"、"丹掖"、"朱宫"、"朱极"；宫殿的台阶漆成红色，叫"丹陛"或"丹阶"；帝王所居的禁城叫"丹禁"、"丹城"；赤色的宫门叫"丹阙"；帝王居处叫"丹霄"；朝廷叫"丹枢"；皇帝昭命叫"丹诏"；"朱户"是古代帝王赏赐有功大臣或诸侯的"九锡"① 之一；"朱衣"是红色的公服；"朱履"是古代达官贵人所穿的红鞋；古代高级官员"朱衣紫绶"，称"朱紫"；古代王侯贵族的住宅大门漆成红色，以示尊贵，因称豪门为"朱门"；古代王侯或朝廷使者乘红漆车，叫"朱轩"，另有"丹辇"、"朱辇"、"朱路"等皆指帝王权贵所乘之车；"朱文"是古代王侯贵族绘于车上的装饰。

以上所述词语中的"赤"、"丹"、"朱"，还包含了自然色彩的含义，同时也一致地承载了"尊贵"这一人文内涵，让人一看便会联想到帝王诸侯、高官显贵、京城朝廷、豪门大宅。

2. 朱、赤、丹、红与正直、正义、革命

赤色作为正色，拥有政治上的正统地位，而红色又能驱避邪恶，因而，赤色系列字、词常常用来象征纯正、正直、革命、正义等。

---

① 九锡礼是汉代以后出现的古代封建王朝国君给予大臣的规格最高的一种赏赐，它主要包括车马、衣服、虎贲（守卫人员）、乐悬、纳陛、朱户、弓矢、斧钺、秬鬯九类器物。"锡"就是"赐"的意思。

"朱紫"一词因朱为正色，紫为间色，因而合在一起比喻正邪、是非、优劣等；朱、蓝两色均为正色，因以"朱蓝"喻纯正的品德和文风；"朱丝绳"本指红色的琴瑟弦，古人用以比喻正直。

"赤心"、"赤诚"、"赤胆忠心"以及"丹寸"、"丹心"、"丹府"、"丹素"、"丹悃"、"丹款"、"丹诚"、"丹魄"等词语中的"赤"、"丹"都比喻真诚与忠贞；古代农民起义军和爱国武装部队，常以"赤眉"、"红巾"、"红袄"、"红灯"为标志，其使用赤色、红色，一方面是因为这些颜色比较显眼，但更为主要的，恐怕还是这些颜色本身所隐含的革命性、正义性在起作用。

红色象征忠诚、耿直的品性，人们称直率、诚实的人为"红脸汉子"，戏剧舞台上展现关羽忠义英勇形象的手法就是为其绘上红色脸谱。

红色在西方文化中与血相关联。红色象征革命。俄国十月革命以红为象征，苏维埃政权被称为"红色政权"，其军队被称为"红军"。瞿秋白写《赤都心史》，"赤都"指莫斯科。马克思列宁主义传入中国，无产阶级革命兴起，也以红色为象征，接受了红的文化象征意义。中国的无产阶级革命所在地被称为"红区"，其革命武装力量被称为"红军"，红军帽子缀红五星。新中国成立后，国旗采用红底，表示其是由革命烈士的鲜血染成的。

3. 赤、丹、朱与五行、五方、季节

依五行、五方、五色的关系，南方属火，相配之色为"赤"。因而，"赤"、"丹"、"朱"还可用来表示方位中的南方。《说文》："赤，南方色也。从大、从火。"《云笈七签》卷六十三："丹者，南方之异名。"因而，南方之神称"赤帝"、"赤神"，亦称"朱鸟"、"朱灵"；南方之天称"赤天"；南方称"朱方"、"朱冥"（南海也叫"朱冥"）、"赤方"、"赤后"、"赤位"；南方水涯称"朱汜"；南方边境称"丹徼"；南方遥远之处叫"丹冥"、"朱垠"；南方大地叫"丹陆"或"丹野"；南方七星宿总称"朱雀"或"朱鸟"；南窗别称"朱鸟"、"朱鸟窗"；南方之社称"赤社"；南风称"赤风"；南方的原野称"赤野"。

五行、五方、五色与季节相配，夏季属火，相配之色为赤色。所以，我国古代把立夏节称为"朱明节"，把夏季叫做"朱光"、"朱明"、"朱夏"、"朱火"、"朱辰"、"朱阳"，仲夏叫"朱仲"，盛夏叫"赤夏"，炎暑之气叫"赤气"，夏季热风叫"朱飙"。由此，赤色系列字、词又与季节有了密不可分的联系。

汉高祖刘邦自认为是赤帝之子，所以崇尚赤色；楚汉相争，汉军用赤帜；刚出生的婴儿浑身赤色，所以被称为"赤子"；婴儿的思想纯洁，因此纯洁的心灵被称为"赤子之心"。

4. 赤、丹、朱、红与祥瑞

经过红血崇拜、日崇拜、火崇拜的发展、衍化，红色又可用来象征祥瑞，因而"朱霭"（红色云气）在古代被认为是祥瑞之兆；"赤兔"为传说中象征吉祥的瑞兽；"赤草"、"红草"、"朱草"为传说中的瑞草；"赤乌"为吉祥的神鸟；"朱雁"、"朱鸢"为瑞鸟；"丹甑"为古代传说中丰年所出现的一种瑞物；"丹乌"乃国之祥瑞。另有"丹雀"、"丹蘽"，"朱雀"、"赤蛇"、"赤雀"等都为祥瑞之物。以上祥瑞之物的颜色均为赤、丹、朱、红等色。

5. 红与女性美

红不同于赤、丹、朱，它虽属赤色系，但最初是赤白色，见《说文》："红，帛赤白色。"赤白色即浅红色，这在古人心目中乃间色、杂色、不正之色，是登不了大雅之堂的。因而《论语·乡党》有"君子不以绀緅饰，红紫不以为亵服"之说。亵服乃私居之服，是古人在家穿的便服，但在儒家的观念里，君子在家的休闲装都不能使用红色，更何况是正规的公服、礼服，这与红色为古人心目中妇女、姑娘的服色有关。因而，"赤"、"丹"、"朱"的诸多用法与"红"无关。

"红"最初指浅红色，后来泛指各种红。不论是最初的浅红色还是后来泛指各种红色，它都是一种非常女性的色彩，因而，红色系列字、词的内涵常跟妇女有关，诸如古人常以"红玉"比喻美人；"红汗"是对妇女所出汗的美称；"红妆"指妇女的盛装；"红袖"指妇女的红色衣袖；"红粉"指妇女化妆用的胭脂与白粉；"红泪"指妇女的眼泪；"红闺"指少女的住房；"红轮（纶）"指妇女所用的披巾；"红楼"多指富贵人家的妇女所居住的华丽的楼房；"红颜"指妇女艳丽的容貌，亦指美女。如唐代白居易《后宫词》："红颜未老恩先断，斜倚薰笼坐到明。"清朝吴伟业《圆圆曲》："痛苦六军皆缟素，冲冠一怒为红颜。"此外，"红袖、红粉、红裙、红妆"都象征女子。

赤、丹、朱三色作为正色，是皇家、贵族、高官的专用色，老百姓是禁止使用的。因而，上述红色系列字、词的用法在这三个词当中很少出现。至于"朱颜"、"朱脸"指美女，"朱樱"喻美女之口等，仅指自然之色，且与中国人的审美有关。

6. 红与婚姻、喜庆

汉语中的红色系列字、词还与婚姻有着密不可分的联系，诸如"红定"（旧俗中订婚时男方送给女方的聘礼）、"红娘"（助人结成美满婚姻的人或物的代称）、"红丝"（比喻姻缘）、"红鸾"（红鸾星，主管人间婚姻喜事）、"红事"（婚嫁喜庆）、"赤绳系足"（唐人小说中，司婚姻之神凡遇有缘男女，即以赤绳系两人之足，最后必成夫妇，后"结婚"亦称为"赤绳系足"）、"红线"（同"赤绳"）、"红媒"（为未婚女子做媒）等。

红色还象征喜庆、欢乐。春节时贴红对联，窗户上贴红色窗花，门口挂红灯笼。结婚称"红喜事"。新娘穿红衣，新郎披红带，门前贴红双喜字，洞房里要点红烛。可见，"红"与妇女以及吉庆祥瑞密切相关。

7. 红与事业成功、顺利、兴旺

红色还可象征事业的成功顺利。日子过得好叫"红火"，好运称"红运"；工作一开头就有成绩叫"开门红"，大有成绩叫"满堂红"。其他还有如"红利"、"红榜"等。红色还象征着受领导重视、重用，如受群众好评，叫"走红"；受赏识者叫"红人"，大受赏识叫"红得发紫"；"红极一时"指在某一段时间内大受赏识。显然，这些都是中国自古以来的尚红习俗折射到红色系列字、词上的诸多文化内涵的延伸与发展。

8. 红与危险、警告

红色比较醒目，在西方文化中也表示危险信号。交通路口用红灯表示禁止通行。国际性的人道主义医疗组织以红十字为标志，叫"红十字会"。救护车、警车顶灯用红色。中国也接受国际上的这种惯例，所以红也有"危险"的文化意义。红色也表示面临危险的警告意义，如"赤字"、"亮红牌"。亲密的人之间生气或闹矛盾叫"红脸"。对某人的成就产生"红眼病"喻指产生忌妒等。

综上所述，汉语中的红色系列字（赤、丹、朱、红）与不同的事物结合会产生不同意义的红色词汇。受远古时期自然崇拜与五行、五方、五色、五德等学说的多重影响，红色在中国人的心目中既处于尊贵的正统地位，又兼具避邪除秽的民俗魔力，同时还洋溢着吉庆祥瑞的喜庆色彩。这三大人文特征如同三个支柱，稳固地支撑着红色，使它弥久不衰，成为中国的国色，承载丰富而又独特的文化意味与历史底蕴，并因此而显示出鲜明而又独特的民族特征。外国朋友常常惊异于它们深邃而丰富的言外之意，当代中国人也需在博大的历史文化背景中才能体会到它们的丰厚内涵。

（四）黄色系列字

黄色与橙色相近，所用的汉字主要是"橙"、"黄"，此外还有加上汉字所指意义之后形成的"米黄"、"杏黄"、"鸭黄"等。"黄"字，《说文》从字形上分析它的意义，因中间有"田"，将其解释为土地之色。这是汉代流行的一种说法。黄色是五方正色之一，与五行中的土对应，五方中处于中央。"黄"因此产生了许多文化含义。

1. 黄与土色

黄属土，与土地颜色相近。中国广大地区是黄色土壤，所以用"黄土地"来象征中国。黄河古代称"河"，因奔流于黄土地上，携带大量泥沙，颜色变黄，所以逐渐称为"黄河"。黄河流经广大中原地区，因此象征中国。《管子·水地》："地者，万物之本源，诸生之根苑也。"四时之物，无土不成，人们对黄色土地的深厚感情升华为以黄色独尊的心理，黄色便成了一种代表至尊地位的颜色。

2. 黄与尊贵

古代以黄色为贵，它是皇族以及权贵们的专用色，这与其本身的意象有关。

黄色处于五方的中央，所以黄色是中央正色，也是皇帝所喜欢的颜色。周朝天子的服饰是"玄衣黄裳"，汉朝的皇帝也崇尚黄色。《吕氏春秋》："天子居太庙太室，乘大辂，驾黄骝，载黄旂（qí），衣黄衣，服黄玉，食稷与牛。"班固《汉书·律历志》："黄者，中之色，君之服也。"班固在《白虎通义》中对黄色的解释又加入了神学和儒学的观点，认为"黄者，中和之色，自然之性，万世不易"。即黄色是万世不易的大地自然之色。这种颜色代表了天德之美，也就是"中和"之美，所以被人视为尊色，视为高贵的正色。

隋朝的皇帝开始常穿黄袍，唐高祖李渊规定皇帝穿黄袍，士庶禁用，黄袍就成了皇帝身份的象征。后周时，赵匡胤为太尉，将士在陈桥驿发动兵变，诸将替他披上黄袍，他被拥立为皇帝，所以"黄袍加身"表示做皇帝。皇帝对黄色的垄断一直延续到清朝。清朝皇帝的宫室用黄色琉璃瓦建造；皇帝的车盖叫"黄屋"；诏书叫"黄敕"；科举考试的殿试之后张榜公布的名单称"黄榜"。清朝皇帝准许宗室子弟系黄带，还有赏赐侍卫穿黄马褂的例子。黄色为皇室专用之后，平民百姓都被禁止使用，否则就被视为犯上、图谋不轨。比如《水浒传》中梁山泊聚义厅上悬挂杏黄色的旗子，就有要与当朝皇帝平起平坐的意思。

元清两代，少数民族入主中原，黄色依然有着难以更改的文化内涵。不仅在中国人眼中，就是在外国人眼里，也会把尊贵辉煌的黄色与古老的中国联系在一起。如日本人看见黄色就会联想到中国、柠檬、佛光等。其中将黄色与中国相联系的便是文化因素，即一提到黄色，就联想到中国的帝王之色。一生致力于色彩学研究的瑞士画家约翰内斯·伊顿也曾经说过："在中国，最明亮的色彩黄色是保留给皇帝及'天子'专用的，任何人都不得穿黄衣服，黄色就成了一种最高智慧和文明的象征。"这些都说明，在传统中国文化中，黄色尊贵文化的联想意义一直在发挥着作用。历代皇帝的圣旨皆写在黄色的布上，黄纸还用于书写官方文告、编造簿册、刊印御准历书、画驱鬼辟邪的咒符或用于祭祀。中国的道教推崇黄老之术，道袍也都是黄色的。在汉语中，黄主要指"利"、"好"，如"黄道吉日"、"黄花晚节"等。

3. 黄与色情

黄色"色情、低级、下流"的释读意义来源于西方。有一说是 19 世纪美国的某家报纸为迎合一些人的低级趣味，曾连载过一种叫《黄色的孩童》的色情连环画，从此黄色便与"色情、下流"联系了起来。更有一说是 19 世纪西方流行一种用黄纸做封面的低级色情小说，所以黄色便与"色情"联系了起来。还有一说是 19 世纪一位西方小说家发现秋风中的黄叶具有衰老、枯槁的特质，便在他的小说中把低级、下流、无益于人生的东西叫做"黄色的东西"。英语里便有了"yellow press"，意思是引人堕落的书刊，因为在英语里，黄色本身就有胆小、卑鄙的意思。可见黄色在东西方的文化内涵中有很大区别。

如今，中国接受了西方文化中关于黄色的文化义，汉语中产生了许多与黄色相关的贬义词，现在人们用"黄色"指称各种色情、淫秽的东西，现代汉语里就有了"黄色书刊"、"黄色电影"，进一步又有了用"黄"作语素构成的一批新词，如"黄源、黄潮、黄害、黄毒、贩黄、造黄"等。这样，在现代中国人的文化联想中，"黄色"、"黄"便逐步失去了传统文化中那种神圣与尊贵的地位，并且较之欧美的释意有过之而无不及了。

4. 黄与年幼

"黄"还有一种意义是表示年幼，《淮南子·泛论训》："古之伐国，不杀黄口，不获二毛，于古为义，于今为笑。"《乐府诗集·东门行》："贱妾与君共铺糜。上用仓浪天故，下当用此黄口儿。"隋代谓男女不满三岁为"黄"，唐制将刚出生的婴儿称为"黄"（《旧唐书·职官志》），所以十岁以下的儿童又被称为"黄口"。

5. 黄与成熟

"黄"的"成熟"义，可以通过词汇或句子构成的特定语境来表现，如"黄茂"指丰美、成熟的谷物，它重在对农作物的色彩进行表述，由此引发了粮食作物成熟的意义。如"玉米黄了，高粱熟了，阳光泼洒着大地成熟的芬芳"。

6. 黄与失败

"黄"还指事情落空。《红楼梦》第八十回："薛蟠听了这话，又怕闹黄了宝蟾之事，忙又赶来骂秋菱。"以"黄"表示事情或计划落空，因为"黄"接近于"荒"、"晃"，均有虚空不实之义，可以当作通假字看。

随着五行学说的盛行，黄色逐渐与皇帝的服色联系了起来。黄是万物萌生时的色彩，于是"黄"有了年幼的意思；黄还是万物成熟、衰败的色彩，于是又产生了成熟、失败的引申意义；受西方文化的影响，黄又与低级、色情挂上了钩。总体看来，黄在古代是一种尊贵色，也存在着互为矛盾的两种意义倾向，如年幼与成熟等。到了现代，其释意内容随着外国文化的传入而变得更为丰富。

（五）青色系列字

青色系列字主要有"青、绿、翠"等。

1. 青与五方

青作为颜色，在五正色（青、赤、黄、白、黑）中居首位。汉代以来五行之说盛行，认为世界是由"木、火、土、金、水"构成的。五色和五行是相对应的，而青与木相对应，因为草木的颜色是青色的。因此，汉语中常以青色形容草木，诸如"青松、青草、青藤"等。

青与五方联系，与东对应，东方之神是青帝，主管春天，是春神。唐末黄巢《题菊花》曾以青帝自比："飒飒西风满院栽，蕊寒香冷蝶难来。他年我若为青帝，报与桃花一处开。"古代的"青土"指东方之地。据典籍记载，古代封东方诸侯时，天子把太社东边的土（青土）赠予他，并插上白茅，诸侯到任后立社祭祀。"青社"便是祭祀东方土神之处，亦可借指东方。古时太子居东宫，故太子宫又称"青宫"。天子之东堂，古称"青阳"。"青龙"为东方星宿名，道教所信奉的东方神龙亦称"青龙"。古代行军，画青龙的旗帜以示东方之位，正如《礼记·曲礼上》所云："（向南）行，前朱鸟（雀）而后玄武，左青龙而右白虎。"山东位于中国东方，古代山东北部一带齐国故地也被称为"青州"。

"苍"本为草色，从艸，仓声，后引申为青黑色。"青"深而"苍"浅，但古籍中两字往往互用。因而，苍与青一样，亦可代表东方。青帝也叫"苍帝"，都是主管东方的神；而"苍龙"，即东方七宿青龙。

2. 青与季节

青与四季联系，与春对应。春天草木苏生，一片青色，所以汉语里有"青春"的说法，意思是青色的春天。如曹植《迷迭香赋》"播西都之丽草兮，应青春而凝晖"；杜甫诗歌《闻官军收河南河北》"白日放歌须纵酒，青春作伴好还乡"中的"青春"指春季、春天。《楚辞·大招》："青春受谢，白日昭只。"注云："青，东方春位，其色青也"亦是明证。因而，"青风"就是"春风"。

古时，以云命官。春官为青云，夏官为缙云，秋官为白云，冬官为黑云，中官为黄云。"春官"为"青云"，也是以"青"对"春季"。《尔雅·释天》："春为青阳。""青阳"亦指春天，因为春天气清而温暖，"苍"同样可指春天，《尔雅·释天》："春为苍天，夏为昊天，秋为旻天，冬为上天。"

春天，是一年之始，也是万物萌生之时，而草木初生大多为青色，由此，青色又引申出少壮等含义。"青年"、"青岁"指少壮之年，如李白"红颜悲旧国，青岁歇芳洲"。青春，本指春季，比喻人的青年时期，也引申指年轻人的年龄。"青阳"比喻青年的容貌，如唐代李贺的"黄昏访我来，苦节青阳皱"。古代青春与素秋相对，一个喻少，一个喻老。

3. 青与尊贵

青色表尊贵之义，一方面因为青为五色之一，本身就是尊贵的正色；另一方面，与青色用于尊贵之处有关。依汉制，丞相、太尉皆金印紫绶，御史大夫银印青绶，三府宫最崇贵。因而，后亦称贵官之服为"青紫"。汉长安城东南门因门色青，被称为"青门"，后"青门"泛指京城的城门。青琐，本指宫门上刻的青色图纹，后亦借指宫门。绿，本为间色，是登不了大雅之堂的颜色，但"绿车"却是汉皇孙的用车名，又名"皇孙车"。晋灼曰："绿车名皇孙车，太子有子乘以从。"可见"绿车"之尊贵。

晋制，皇帝诏书用青色纸张配紫色印泥，"青纸"后来成为诏命的通称。青楼，以青色涂饰，起初指比较华丽的屋宇，古为显贵家女儿住的精美阁楼。如乐府民歌《西洲曲》提到的"鸿飞满西洲，望郎上青楼"，王昌龄《青楼曲》之二说到的"驰道杨花满御沟，红妆漫绾上青楼"等都有这一内涵。古时，帝王所居亦称"青楼"。据《南齐书·东昏侯纪》记载："世祖兴光楼，上施青漆，世谓之青楼。"以上语词中的"青纸"、"青楼"，皆因尊贵之人所用而具有了"尊贵"义。古时另有"青闺"、"青阁"，指涂饰青漆的闺房、楼阁。

"青楼"一词，古代亦指妓院。南朝梁刘邈《万山见采桑人》："倡妾不胜愁，结束下青楼"；李白《在水军宴韦司马楼船观妓》："对舞青楼妓，双鬟白玉童"；杜牧《遣怀》："十年一觉扬州梦，赢得青楼薄幸名"等诗句中的"青楼"，皆指妓院。"青楼"之所以指妓院，说法不一。"青楼"原来指"华丽的屋宇"，与艳丽奢华的生活有关。不知不觉间，青楼的意思开始偏指，与娼妓发生关联。这可能是因为汉代以后，青衣为卑贱者之服，婢女亦称为"青衣"，"青"在服色中的地位渐趋转卑。唐代以后，偏指之意后来居上，"青楼"于是成了烟花之地的专指。元明清以后，乐人、伶人，甚至娼妓，都必须常着绿、青色衣服，戴绿头巾，以表明他们是从事"贱业"的人。由此，宋元之后，"青楼"也就进而没落为"妓院"的代名词。

4. 青与天空、神仙

"青"在古代还表示接近蓝草的蓝色。荀子《劝学》"青，取之于蓝，而青于蓝"，指蓝色从蓼蓝中提取，但颜色比蓼蓝深。后来用"青出于蓝而胜于蓝"比喻学生胜过老师，后人胜过前人。

由于"青"又代表晴空万里时天空所呈现的深蓝色，因此，与"青"有关的字词又常常与天有关。青天，即天空，在汉语中常用以比喻明察是非、廉洁公正的官吏（清官），诸如妇孺皆知的"包青天"包大人。苍昊，指苍天，也指天帝。另有"苍颢"，亦指苍天。青云，谓高空，比喻处在显要的地位。平步青云，比喻一下子达到很高的境界或地位。炉火纯青，比喻技术或学问达到成熟、完美的境界。

天界，乃是神、仙的居处和往来之所，青色又与天神仙道有关。青女，是神话中的霜雪之神。《淮南子·天文训》："至秋三月，……青女乃出，以降霜雪。"注："青女，天神，青霄玉女，主霜雪也。"青女亦可作霜的代称。青腰，即"青要"，也是主霜雪的神女。当然，青女、青腰与霜雪之间，恐怕与霜雪白中泛青的自然之色不无关系。在汉语中，"青"可用来形容使人感到阴冷的蓝白色寒光，诸如"青光"、"青灯"、"青荧"等，便是最好的旁证。"青童"指仙童，也指寺观中的道童；"青琴"为古神女，后转指宫女。

碧，本指青绿色的玉石，亦指青绿色。故而，"碧"也与神仙之类有关。如"碧城"，是仙人所居之城。又如"碧藕"，乃神话中仙人所食之藕。

5. 青、苍与祥瑞

青为正色，既有尊贵之义，又与天神仙道有关，因而，青色在古代还是祥瑞之色，是祥瑞的象征。"青龙"，是传说中的祥瑞物。《竹书纪年》载："夏道将兴，草木畅茂，青龙止于郊，祝融之神降于崇山。""青鹳（qú）"，是传说中的一种瑞鸟。古人云："青鹳鸣，时太平。"老子辞官西行骑的是"青牛"，后来在成都西南郊区的青羊宫讲法，最后到青城山隐居，这都说明青色是吉祥的色彩。

另外，"苍乌"是传说中的瑞鸟，如《宋书·符瑞志》："苍乌者，贤君修行孝慈于万姓，不好杀生则来。"

6. 青与黑色

青色加深就接近黑色，所以，大约中古以后，有时人们也将青色与黑色等同，把黑色的东西说成是青色的。"青"表示黑色，主要用以形容人的眼睛、头发等。当"青"表"黑"时，"青"的褒义明显高于"黑"。

眼珠的瞳仁是黑色，但古人称其为"青眼、青眸"。以青眼看人表示喜爱、尊重，以白眼看人表示轻蔑。晋阮籍不拘礼教，能为"青白眼"。嵇康提酒携琴来看他，他很高兴，乃对以青眼，凡是俗士来见他，则对以白眼。相类似的表达方式还有：青目、青盼、青睐、青眸、垂青等，皆比喻受到重视、看重、优待。

用"青丝"、"青鬓"、"青髻"、"绿云"、"绿鬓"等词形容黑发，多见于唐宋以后的文学作品。这些词常用来形容女子的头发又多又黑又亮，且可引申指青春年少，或青春年少的容颜。白居易《和春深》："宋家宫样髻，一片绿云斜。"杜牧《阿房宫赋》："绿云扰扰，梳晓鬟也。"其中的"绿云"，用以形容女人的头发多而黑。李白《怨歌行》："沉忧能伤人，绿鬓成霜蓬。"《将进酒》："君不见高堂明镜悲白发，朝如青丝暮成雪。"诗句中的"绿鬓"、"青丝"皆是青春年少的标志，与衰老时的"霜鬓"、"白发"形成鲜明的对比，流露出诗人心中深深的无奈与感慨。另外，古时妇女用青黛画眉，眉呈微绿色彩，所以女子的眉叫"青娥"。"绿蛾"亦作"青蛾"，青娥，亦指少女美好的容颜。

黑色的眼球、黑色的头发之所以用"青"来形容，一方面自然是因为深青近黑，但更重要的则是因为"青"表现了人们尊重、喜爱的思想感情。"青"所表示的颜色，给人以明净、澄洁的感觉，从"青"得声的字都含有明净、澄洁的意味，诸如"静"、"晴"、"睛"、"清"、"精"等。宋人张世南在《游宦纪闻》卷九中说："'青'字有精明之义，故日之无障蔽者为'晴'，水之无涸浊者为'清'，目之能见者为'睛'，米之去粗皮者为'精'。"由此可见，"青"确实含有美好的意思，这一点早已引起了古人的注意。正因如此，中国古代文人便用"青"来形容光亮的黑发和眼睛，以表达尊重、喜爱的思想感情。在不带感情色彩的情况下，头发依旧称"黑发"、"乌发"、"乌鬓"，形容黑眼球依旧用"黑"、"乌"，而不用"青"，诸如"乌珠"。

约元明以后，在口语、白话文中，"青"用于染织物，也开始由表示蓝色转向表示黑色。因而，近代戏剧中的正旦又称"青衣"，因正旦常着黑衫而得名。

"青衫"指黑色的衣服。唐朝官服，八品、九品着青衫。白居易被贬为江州司马，穿的就是青衫，如："座中泣下谁最多？江州司马青衫湿。"

7. 青与史籍、职业

我国古代，人们以竹简记事。因竹色青，竹简又称"青简"。由此，在中国传统文化中，青色又与书籍结下了不解之缘。"青简"是书的代称；"青编"泛指古代记事之书；而"青史"则指史籍。用竹制简时，新竹水分多，易朽烂变形，所以必须烘干水分，这叫"汗青"、"汗简"，也叫"杀青"，杀青后的简，就可用来写字了，所以后人常用"汗青"作书籍、史册的代称。我们熟知的就有南宋文天祥"人生自古谁无死，留取丹心照汗青"的诗句。后来，人们写定书稿，也称为"杀青"。

古代医生、卜筮的人的医书、工具常放在青布做的袋子里，这种口袋叫"青囊"。后来青囊就成为医术、占卜的代称，如《后汉书·华佗传》的注释就引用《神仙洞鉴》中的话语："我有青囊未传"，指的就是华佗高明的医术没有传下来。而"传道寻仙友，青囊卖卜来"（陈子昂《酬田逸人游岩见寻不遇题隐居里壁》）中的"青囊"指的就是占卜的人。古代用青色口袋放印章，所以青囊也有印囊的意思。

8. 青、绿、苍与卑微、低贱

青色调与黄色调统称为鲜艳的绿色，不是正色，是间色。古人不区别青与绿，如：不分青红皂白。青与红相对，青实际上指绿色。绿色本来无贬义。秦始皇时只限三品以上官员着绿袍与深衣，平民百姓限用白袍。可见，那时的绿袍是尊贵的标志。"青"与"绿"产生"卑微、下贱"的文化联想义，可能与古代的服饰制度有关。

"青"在服色中的地位是先尊而后卑。"青衣"本是古代帝王、后妃在孟春之月穿的一种礼服（旨在愉悦春神，祈求福佑），是尊者之服。"天子衣青衣，乘苍龙，服苍玉。"自汉以后，以青衣为卑贱者之服，故称婢为青衣，"青"在服色中的地位由此转卑。唐朝规定，官六七品服绿，八九品服青，故而，"绿衫"、"青衫"、"青袍"等皆指官职卑微，亦可代称官职卑微者，如"分手各抛沧海畔，折腰俱老绿衫中"；"黄帽映青袍，非供折腰具"中的"绿衫"、"青袍"等。由此，汉代以后的"青衣"、"青裳"、"青衫"、"青袍"等也就成了卑贱者的代名词。元明两代规定妓女、乐户家中男子必须着绿头巾，故男子戴绿头巾是不光彩的，男人戴绿帽子表示其妻有外遇。

绿，古指青黄色，《说文》云："绿，帛青黄色也。"青色、黄色皆为正色，但绿却是间色、杂色、"不正"之色，古人尚纯恶杂，"绿"是登不了大雅之堂的，因而，"绿衣"乃卑贱者之衣。《诗经·邶风·绿衣》："绿兮衣兮，绿衣黄里。"诗句的字面意思是以间色"绿"为衣，正色"黄"为里，而实质上是以此来比喻尊卑贵贱的颠倒失序。"绿衣"亦指祭服中的卑下者，古时"色杂不可入宗庙"，所以，绿衣者不得入宗庙参与祭祀。"绿帻"乃古时仆役的服式，是男性内宠、贱人之服。

据载，我国汉代以绿帻为贱者之服，因而，"绿头巾"亦有低贱之义。唐代封演《封氏闻见记》卷九："李封为延陵令，吏人有罪，不加杖罚，但令裹碧头巾以辱之。……吴人著此服出入州乡以为大耻。"可见，"绿头巾"、"绿帻"已有辱罚之义。到了元代，政府明确规定娼妓家的男子必须戴青头巾作为标记。《元典章·礼部二·服色》："至元五年十月……该准中书省札付娼妓之家多与官员士庶同着衣服，不分贵贱。今拟娼妓各分等第……娼妓之家家长并亲属男子裹青巾。"之后元朝统治者还三令五申,对妓女的服饰、居处等加以种种限制,给她们打上贱民的烙印。明承元制,仍要求妓女家男子裹绿头巾。《五杂俎》云:"(娼妓)隶于官者为乐户,又为水户,国初之制,绿其巾以示辱。"因此称妻有外遇为"戴绿头巾"。明朝郎瑛《七修类稿》卷二十八:"吴人称人妻有淫者为绿头巾。"这种情况,今人称为"戴绿帽子"。"绿"的卑贱之义由此达到极致。从整体上来看,"绿"的基本定位一直居于下位。

在西方文化中,绿色象征和平、安全,西方人常用白鸽衔绿色橄榄枝作为和平的标志。近年来一部分人为保护环境、维护生态平衡而成立了"绿色和平组织"。绿色这种美好的文化象征意义也被我国人民接受。

"苍"作为青黑色,也有卑微、低贱的文化内涵。古书中的"苍民"、"苍生"、"苍黔",皆指百姓、众民。汉时,仆隶以深青色巾包头,故称奴仆为"苍头"。颜师古引孟康曰:"汉名奴为苍头,非纯黑,以别于良人也。""苍头",非好人也。

9. 其他

除了上述的主要用法之外,"青"在古代还可用来表示灰、灰黑、灰褐等色,如"青鼠"、"青烟"、"青杨"等。

"青"用于肤色。从上古时起,一般都用于形容人因受了外界刺激或病痛折磨而使肤色变得发青，这时的"青"指蓝色，如面青失色、青一块紫一块等。

与"青"字相关的词语具有双重语义、双重性格：既有尊贵之义，又有卑贱的内涵；既有喜爱、重视之义，又有不齿、蔑视的内涵，但相对而言，还是褒多于贬。不过，由于古今文化背景的转变，青、绿、苍等色的贬义在现代社会已逐渐淡化。不仅如此，绿色还增加了很多褒义。

今天的人们想到绿色，会想到它是植物的生命色，是春天的象征，是富有生命力的表现，绿色成了生命之色、青春之色。今天的汉民族和国际上的其他民族一样，也用绿色象征和平、希望与安宁。绿灯、绿色通道、绿色食品皆为今人所喜爱。当然，脸发绿则不是健康的表现，而绿色"不名誉"的标志意义也仍对现代人的生活、观念产生着影响，这依旧体现着汉语颜色词的双重语义、双重性格特征。

（六）其他色彩字

1. 蓝

早先，人们表示蓝色主要用"青"字，"蓝"字是在中古以后才多起来的。

最初"蓝"是一种植物，而且是一种用来做染料的植物，是

"染青草也"(《说文》)。《吕氏春秋·仲夏》卷五:"令民无刈蓝以染,无烧炭,无暴布。"意思是命令老百姓不要为了染布而割蓝草,不要烧制木炭,不要暴晒布匹。"蓝"一直作为一种植物出现,在上古汉语中,极少表示颜色。中古"蓝"作为颜色的词语才多起来,如"蓝山、蓝水、蓝溪、蓝峰、蓝岸、蓝岭、蓝空、蓝叶、蓝花、蓝玉"等形容大自然中山水、花草等;又如"蓝碧、蓝青、蔚蓝"等跟相近色彩的字连用表示中间色。在西方,受内伤时皮下的瘀血往往被称为"蓝色块"。在中国,人们称这样的瘀血为"乌青块"。

(1)蓝与身份。

"蓝衫"本指蓝色的长衫,在古代多为儒生所穿的衣服,如韦应物《送秦系赴润州》:"近作新婚镊自髯,长怀旧卷映蓝衫。"后来也指儒生。如今"蓝领"指在工厂工作的体力劳动者,由于他们经常穿蓝色工作服,这与穿白色衬衫、在办公室工作的"白领"职员恰好相对。古代有句话,叫"筚路蓝缕,以启山林",意思是驾着柴车、穿着破旧衣服去开辟山林,形容创业艰苦。其中"蓝缕"并不是指蓝色的破旧衣服,在这里,"蓝缕"实际上是指"褴褛",由于发音相同而借用,是一种假借现象。

此外,"蓝皮书"指封面是蓝色书皮的书。用于指官方文件时,特指《英国议会文书》。此书开始发行于1681年,自1836年才公开出售,是英国政府提交议会两院的一种外交资料和文件。其实,各国的官方文件分别有其惯用的颜色:封面用白色,就叫"白皮书",如中国、美国;封面用蓝色,叫"蓝皮书",如英国;也有用红色,如西班牙;黄色,如法国;绿色,如意大利。

(2)蓝与计划。

"蓝图"原指蓝色图纸,是用蓝色的感光纸绘制成的一种工程图纸,多为设计图纸。因为感光纸为蓝色,故称为"蓝图"。后引申为"建设计划",如"国家建设的蓝图"。

(3)蓝与依据。

"青,取之于蓝"出自荀子《劝学》,其中,"青"指蓝色,"蓝"指蓼蓝草,后来用"蓝本"引申出凡是根据原有旧的底本得到新的版本的意思,底本就被称为"蓝本"。现在"蓝本"常指编辑修订书籍或者绘画时所根据的底本,如"这本书的蓝本是《石头记》"。

(4)蓝与尊贵。

中国以红、黄为尊贵,而欧洲由于海洋文明,崇尚蓝色。欧洲的贵族往往被称为有"蓝色血统",这可能与他们苍白的肤色有关,后来"蓝色血统"被用来形容人出身高贵。欧洲用"蓝袜子"指知识分子,这来源于蓝袜子俱乐部(Blue-Stocking Clubs)。

(5)蓝与西方的忠诚。

蓝色在视觉上给人以深远的感觉,引申出长远和忠诚之意。像紫罗兰、勿忘我等不引人注目的蓝色花朵,都是西方忠诚的象征。有一个传说,讲述的是一个少女为了等她的爱人回来,长久立于爱人与她告别的路旁,直至最后变成了长有细小蓝色花瓣的菊苣。"菊苣"在德文中为"路旁等待之人"。在西方中世纪的宫廷文学中，"忠诚"化身为一位身穿蓝色裙子的女子丝苔特——"丝苔特"意为"持久不变"。在英国，婚礼风俗要求每个新娘的嫁妆如下：something old，something new，something borrowed，something blue。意思是，嫁妆中有旧的，有新的，有借来的，有蓝色的。其中蓝色即表忠诚，可见西方的"忠诚"与蓝色事物相关。

（6）蓝与轻松。

蓝色是一种沉静色，有使人镇定、平静的作用。在美国和英国都很流行享受"blue hour"，即"蓝色时光"。它指下班后的时间，也就是用来放松的时间。在音乐中，蓝色是一个经常被使用的名称。许多乐队和歌曲以蓝色命名。此外，一种美国的音乐被称为"蓝调音乐"。

（7）蓝与技术。

蓝牙（Bluetooth）是一种尖端的开放式无线通信技术，它与色彩没有关系。蓝牙技术能够在短距离范围内（一般在 10m 内）让各种数码设备之间实现无线沟通，如电脑与手机、打印机，手机与数码相机等。由于蓝牙采用全球通用的频带（2.4GHz），可以确保在世界各地通行无阻。

蓝牙技术的创始人是瑞典爱立信公司。在其行业协会的筹备阶段，需要一个极具表现力的名字来命名这项高新技术。"蓝牙"这个名称来自十世纪的一位丹麦国王 Harald Blatand。他口齿伶俐、善于交际，曾经将现在的挪威、瑞典和丹麦统一起来。大家觉得采用这位国王的名字"Blatand"为其命名较好，寓意这项技术能像国王一样协调工作，保持着各个系统领域之间的良好交流。"Blatand"是丹麦语，转变成英语就是"Bluetooth"，翻译成汉语就成了"蓝牙"。

（8）蓝与男性。

"知己"常常指了解自己的知心朋友。"红颜知己"是以男人的角度而言的一种女性朋友，一般关系比较亲密。相对应的，以女性角度而言的一种关系亲密的男性朋友，叫"蓝颜知己"，这是通过对比产生的一个词语。

（9）其他。

国际商业机器公司（IBM）的昵称是"蓝色巨人"（Big Blue）。该公司制造的第一台战胜国际象棋世界冠军盖利·卡斯帕罗夫的计算机被称为"深蓝"。在英语国家中，假如在一个月中有两次满月的话，这个现象被称为"蓝月"。

综上所述，现代汉语的"蓝"是表示颜色的基本词汇之一，基本上取代了"青"，成为三原色之一。在汉语中，蓝色是天空、大海的颜色，是中国人比较喜欢的一种中性色。而在西方，蓝色是代表贵族或知识分子的颜色，同时它也表示忠诚、轻松等。由于同音、近音的关系，也产生了"蓝缕"、"蓝牙"等与色彩无关的词语。

2. 紫

紫色波是波长最短的可见光波。由于跨越了暖色和冷色，紫色可以根据所结合的色彩产生与众不同的情调，如带些红色的深紫色可以产生暖色，而浅紫色则常常会让人联想到浪漫。

（1）紫与尊贵、财富。

紫色是一种神秘且富贵的颜色，与幸运、财富、贵族和华贵相关联。在中国传统文化中，"紫色"是尊贵的颜色，"紫宸"是帝王或者帝位的代称，如杜甫《太岁日》中的"闾阖开黄道，衣冠拜紫宸"。以天上的紫微星垣比喻皇帝的居处；元明清皇帝居住的地方叫"紫禁城"，现指故宫；皇帝的诏书是以紫色印泥封口，所以有"紫泥书"之说；王朝统治的区域被称为"紫县"，其名则源于中国古人对北极星的崇拜。受这些事物的影响，日本王室至今仍尊崇紫色。

唐宋时期，亲王及三品以上官员衣服的颜色都是紫色的，由此，紫色和达官贵人形成了联系。紫色在欧洲，也是贵族所爱用的颜色。紫色成为高贵色，与紫色染料不易获得，又极易分解有关。

（2）紫与祥瑞。

紫色也表示祥瑞，祥瑞的宝气叫"紫气"；祥瑞的云气叫"紫云"。

"紫气东来"四字常出现在书香门第家门口的牌匾上，说起来还有一段历史故事。老子曾在周王朝任主管图书典籍的官职。

在他七十多岁的时候，天下大乱，诸侯之间争夺地盘和权位的战争经常发生，老子预料到将来会发生更大的战乱，所以辞去官职，骑着一头青牛，离开了洛阳向西走去，想平平安安地度过晚年。一个清晨，函谷关善观天象的关令尹喜突然看到东方紫气氤氲，便出关相迎，果然见一长须如雪、道骨仙风的老者，骑着青牛悠悠而来。尹喜把老子留下来，请他做篇文章再走，老子就写了一篇专门讲宇宙之"道"和人事之"德"的文章，约5 000字。这就是流传于世的《老子》，又叫《道德经》。老子写完文章后，便骑着青牛继续向西走了。在道教的众多神仙中，老子被神化为至高无上的天神，即"太清道德天尊"，民间尊其为"太上老君"。后来"紫气东来"就比喻吉祥的征兆即将到来。

（3）紫与情感。

紫色处于红蓝、冷暖之间游离不定的状态，加上它透明度低的特点，容易造成人们心理上的消极感，同时也带给人们深沉、忧郁的压迫感。与黄色不同，紫色虽然不能容纳太多色彩，但它可以淡化层次。纯紫色只要加入少量的白色，就会成为一种十分优美、柔和的色彩。随着白色不断加入，会产生许多层次的淡紫色，而每一层次的淡紫色，都显得柔美、动人，如蓝紫色可表示"孤独"、"献身"，红紫色则表示"神圣的爱"。

（4）紫与悲伤、死亡。

紫色在西方文化中代表死亡、幽灵、噩梦，在日本代表悲伤。紫色的深化意味着潜伏着大灾难，或象征着死亡。它也和宗教有关，比如复活节和"紫色法衣"。

（5）紫与女性。

紫色美丽而又神秘，给人深刻的印象，具有强烈的女性化特征。在商业设计用色中，紫色也受到相当的限制，除了和女性有关的商品之外，其他类的商品一般不会将其作为主色。

3. 灰、褐

（1）灰。

灰本身是一种植物燃烧后的物质，如"死灰复燃、面如死灰"说的都是"灰"的本义。

后来，人们用这种物质表示色彩。它是一种处于黑、白之间的模糊色，可分为深灰和浅灰，也可分为炭灰、粉灰、铅灰以及蓝灰等；可以用来形容衣物、家具，如"灰色家具"、"灰色西装"；也可用来指不明朗、不正规的事物，如"灰色地带"。灰色不明朗且不会引人注目，所以可用它来比喻"未得到应有注意的人或事"，如"灰姑娘"。灰色比较暗淡，可以用来形容雾气弥漫的昏暗，如"灰洞洞的雾天"、"即将下雨前灰蒙蒙的雨天"等。灰还能形容衣服肮脏的样子，如"灰塌塌的裤子"。由于灰色的东西没有明度，给人一种无望的感觉，于是人们用其比喻颓废和失望的心情，如"心灰意冷、灰心丧气、灰气、灰颓、灰念"等。

（2）褐。

褐色，亦称"棕色、赭色、咖啡色、啡色、茶色"等，是介于红色和黄色之间的一种颜色，混合小量红色及绿色、橙色及蓝色，或黄色及紫色颜料构成的颜色。褐色可以用于形容土壤，棕色可以用来形容拉丁美洲、印第安或含有中东血统的人种的肤色，在政治上也象征法西斯主义和极右翼政党，这种指代意义源于德国纳粹党属下武装组织冲锋队的战士衬衣的颜色。

4. 小结

从语料上来看，色彩字、词的意义和用法有很大的差异，"黑"、"白"、"红"、"青"的语料比较多，"黄"、"绿"的语料则比较少，"灰"、"褐（棕）"最少。这也许是和汉民族崇尚"红"、喜欢用"黑"和"白"的习惯有关。

七、色彩字组合与色彩词

字可以组合为词，色彩字可以组合为色彩词或者词组，色彩字的组合是有一定规律的。基本色彩字"黑、白、赤、黄、青、红、蓝、绿、紫、灰"从古到今都是一字一词，这些字本身就可作为色彩词。它们彼此按照一定的方式进行组合，形成普通色彩词。普通色彩词相对于基本色彩词而言，区别主要在于这些词由两个以上的字构成，使用频率和构词频率都较低。根据表达的色彩能否从光谱上找到对应的波长，可以将其分为具体色彩词和抽象色彩词。

（一）色彩字构成具体色彩词的方式

1. 色彩字 A + 色彩字 B （ + 色）

这种由两个色彩字组合而成的色彩词，都是以第二个色彩字的色相为基调，所以又叫"支配色"。第一个色彩字所表示的颜色是"从属色"。如谈到"红"，可以有"紫红、赤红、绀红"等不同程度的红色："紫红"是带紫的红色，比较暗；"赤红"指颜色纯正的红。从词汇构成成分间的关系看，第二个色彩字为中心词，第一个为修饰限定词。这种色彩词有时后面可以加"色"字，意思不变，如"黑紫色"、"紫红色"等。

基本色彩字只有十几个，根据彼此组合的情况可列出下表。如果第一个色彩字为A，第二个色彩字为B，那么AB（即"A＋B"）表示直接组合，A̲B̲相当于"AB色"，A̤B̤表示既可以有AB也可以组合成"AB色"，A̲B̲（方框）表示"像某物似的颜色"。

基本色彩字组合表

颜色（次数）	一黑 6	一白 3	一赤 0	一红 8	一黄 10	一青 4	一绿 10	一蓝 7	一灰 8	一紫 8	一褐 10	一棕 3	一橙 1
黑—9				黑红	黑黄	黑青	黑绿	黑蓝	黑灰	黑紫	黑褐	黑棕	
白—2							白绿	白蓝					
赤—5	赤黑			赤红	赤黄		赤绿			赤褐			
红—5					红黄		红绿			红紫	红褐	红棕	
黄—7		黄白					黄绿	黄蓝	黄灰	黄紫	黄褐		黄橙
青—9	青黑	青白		青红	青黄		青绿	青蓝	青灰	青紫			
绿—3								绿蓝	绿灰		绿褐		
蓝—9	蓝黑	蓝白		蓝红	蓝黄	蓝青	蓝绿		蓝灰	蓝紫	蓝褐		
灰—8	灰黑				灰黄	灰青	灰绿	灰蓝		灰紫	灰褐	灰棕	
紫—7	紫黑			紫红	紫黄	紫青		紫蓝	紫灰		紫褐		
褐—6	褐黑			褐红	褐黄		褐绿		褐灰	褐紫			
棕—6				棕红	棕黄		棕绿		棕灰	棕紫	棕褐		
橙—2				橙红	橙黄								

　　按照基本色彩字出现在 AB 组合中 A 位置的次数由高到低排列依次为：黑/青/蓝、灰、黄/紫、褐/棕、赤/红、绿、白/橙；出现在 B 位置的次数由高到低排列为：黄/绿/褐、红/灰/紫、蓝、黑、青、白/棕、橙、赤。静态的来看基本色彩字的组合能力，把表中所有带某色的字单独统计，结果是：黄 17、蓝 16，灰 16，褐 16，紫 15，黑 15，红 13，青 13，绿 13，棕 9，白 5，赤 5，橙 3。

　　表中绝大多数组合都需要在末尾加上"色"字才更加稳固，能够直接组合且可不加"色"字的只有"红黄、灰黄、橙黄、青绿"4 个。既可以进行"A + B"的组合，又可以进行"A + B + 色"组合的有"黑黄、黑青、黑蓝、棕红、棕黄、棕绿、棕灰、棕紫"等。有的看似属于"A + B"的组合，但其意思实际上是指"像某物似的色彩"，如"橙红"指像橙子一样的红里带黄的色彩；"黄橙"指像橙子那样黄里透红的颜色。

　　当然，可以进行"A + B"组合的色彩字，也可以是古代表色字，如"绀"和"绛"都不单用作色彩词，也可以与别的基本色彩字形成色彩词。不过，二者一定得是同一色系，或者相近色系的。"绀"在古代指代黑红色，一般只跟色彩相近的色彩字搭配，如"绀紫"、"绀红"。"绛"原有"大红色"的意思，"绛紫"组合成新的色彩词。"碧"本指青绿色的石头，后指青绿色，现在可组合为"碧绿"。古代"白"、"青"等字可以对"苍"进行替换，现在则有"苍白、苍青、苍黄"等组合。此外还有"苍绿、黛绿、翠绿、青苍、青碧、青翠、青葱、黛青色、青黛色"等词语。"橙"较晚出现，虽然可以有"橙红、黄橙"，但是像橙子一样红里带黄的颜色，或者是像橙子一样黄里带红的颜色，却无法用一个词来表达。

这种 AB 方式构成的色彩词每一个都表示一种新的色彩，而且以 B 色彩字表示的色彩为主色，加入 A 字后，其结构就可以变成 ABAB 式，如"黑红"变为"黑红黑红"；"红紫"变为"红紫红紫"。在语义上，这种结构的词含有一定的程度义，AB 一个词可以说成"B 得发 A"。如"青紫"可以说成"紫得发青"；"紫红"可以说成"红得发紫"。

通过分析大量语料发现（高永奇，2004），在这种 AB 偏正式组合中，A、B 的搭配有一定的规律，一般按照"青、灰、棕、橙、粉、紫、蓝、黑、绿、红、黄、白"的次序，先左后右。而居于 B 位置的色彩字的使用频率由高到低排则为：白、红、黄、灰、黑、绿、紫、青、蓝。

2. 表物字/词 + 色彩字（+色）

以这种方法构成的词，其意义相当于"像某物那样的颜色"，举例如下：

①黑色系列：炭黑、酱黑、霾黑、铅黑等。

②白色系列：草白、葱白、粉白、霜白、乳白、雪白、银白等。

③红色系列：桃红、虾红、玫瑰红、火红、酒红、肉红、水

红、血红、枣红、海棠红、荔枝红、石榴红、玛瑙红、胭脂红、樱桃红、高粱红、酒糟红、宝石红等。

④黄色系列：米黄、鹅黄、槐黄、蜡黄、垢黄、土黄、牙黄、油黄、烟黄等。

⑤蓝色系列：天蓝、海蓝、宝石蓝、湖水蓝、海军蓝、孔雀蓝等。

⑥绿色系列：柳绿、湖绿、铜绿、橄榄绿等。

⑦紫色系列：茄紫、葡萄紫、青莲紫等。

⑧灰色系列：土灰、豆灰、鸽灰、鼠灰、云灰、兔灰、砖灰等。

⑨褐色系列：酱褐、泥褐等。

由于绝大多数事物都有颜色，因此事物名大多可以放在表此物主色的色彩字或词前与其形成色彩词。这样说来，这种"表物字/词＋色彩字（＋色）"的形式是最高产的，数量应该是无限的。需要说明的是这类词字数越多越稳定，人们可以用这种词直接回答"这是什么颜色"，如"这是胭脂红／橄榄绿"等。如果表物的是一个字，加上色彩字后往往还需要在词末加上"色"字，如回答同样的问题，"草绿"不如"草绿色"明确，即"这是草绿色"的回答更好。

这是一种通过类比造词的方式。因为颜色与人们的关系很密切，凡作用于人肉眼的事物，总是以某一种色彩的形式呈现。世间事物缤纷万象，色彩也就千差万别，若简单地以单一的颜色字

"白、黑、红、黄、绿"等来对应，则既不能展示事物色彩的丰富性，也不能准确地描摹出不同色彩的细微差异。于是人们便以大脑中留存的事物表象，即曾经切实感觉到或认识到的事物留在头脑中的印象，通过类比的心理认知图式来表示新遇到的色彩。在这种认知图式的作用下，自然就产生了"表物字/词 + 色彩字（+色）"的类比造词法。

3. 形容词 + 色彩字（+色）

这一类色彩词的第一个字，既可以由表示色彩明度及纯度的"深、暗、明、亮、纯"充当，也可以由表示浓度的"浓、淡、清、艳、浅"等字来充当。第二个字主要是基本色彩字，可形成色彩词，如"深黑、暗红、明黄、亮蓝、纯红、浓绿、淡紫、浅灰、艳红"等。但并不是所有基本色彩字都可以与这些表示明度、浓度的形容词搭配，如"深橙"、"浓橙"就不存在。具体搭配见下表，打"＋"的表示可以搭配，打"－"的表示不可以搭配，打"?"的表示不确定。

形容词与色彩字的搭配情况统计表

	黑	白	红	黄	蓝	绿	紫	灰	橙	褐	青
深	+	+	+	+	+	+	+	+	－	+	+
浅	+	+	+	+	+	+	+	+	－	+	+

（续上表）

	黑	白	红	黄	蓝	绿	紫	灰	橙	褐	青
明	?	+	?	+	+	+	?	?	?	?	－
暗	+	－	+	+	+	+	+	－	－	+	
亮	－	+	+	+	+	+	+	?	?	－	
纯	+	+	+	+	+	+	+	+	+	+	+
浓	+	－	?	+	－	+	－	?	?	+	
淡	+	+	+	+	+	+	+	+	－	+	
清	－	+	－	－	－	－	－	－	－	－	
鲜	－	+	+	+	－	+	+	－	+	?	
艳	－	－	+	－	－	+	－	－			

　　从上表可以看出以下特点：第一，从浓度来看，前面的第一个字常常是与"水"有关的字，如"深、浅、浓、淡、清"，色彩浓度的高低主要由水分的多少来判断，水少颜色就深，水多颜色就浅。道理如此，但不一定都能称说，如"淡白"、"淡蓝"可以存在，但不能说"浓白"、"浓蓝"。"清"与色彩字的搭配只有"清白色"。第二，从明度来看，表明度的字通常与"日"有关，如"明、暗"，二者与色彩字的搭配也不对应，通常"暗"多"明"少，如形容黑色可以说"暗黑"，但很少说"明黑"。第三，从色彩字本身来看，"绿"的搭配率最高，"褐"、"橙"、"灰"、"青"的搭配率较低。

此外，可以表示色彩明度的不只表中提到的字，如"黑"还可以有"昏黑、黯黑、黝黑、魆黑、乌黑"等。"大"字有程度深的意思，可以修饰"红、绿、紫"组成"大红、大绿、大紫"。"水"有表示颜色鲜艳的意思，如"水红、水绿、水蓝、水黄、水紫"等。

4. 色彩字＋色

色彩字在古代都是可以单独使用的，但现代汉语的词有双音节化的趋向。古代的色彩字已经不能单独使用了，只有与表示类概念的"色"字配合使用才可以形成词，如"绛色、朱色、青色、褐色"等。

5. 表物字/词＋色

直接用事物名称加上"色"字可形成色彩词。这种构词法与"表物字/词＋色彩字"是一样的道理，不过用"色"字可直接代表某种具体的色彩，应该是更加抽象的说法。这类色彩词的数量也较多。如"米色、火色、土色、玫瑰色、紫罗兰色、茄花色、鼠色、琥珀色、姜色"等。

6. 形容词＋色

这里的形容词主要指表示明度、纯度、浓度的形容词，直接加"色"字表示某色的不同程度，如"深色、浅色、亮色、暗色、纯色、淡色、艳色"等。这种构词法是"形容词+色彩字+色"的简单式。一般用在对某一色彩进行进一步区分的时候。例如，当我们想买某种颜色的衣服时，导购员会拿出几种同一色系的服装，询问我们的意见。我们会简短地回答："这件衣服的颜色有点深，有浅色的吗？"或者说："我喜欢淡色/亮色/艳色的。"

以上六种构词法必须有色彩字参与的有四种，但不管哪种方法造出的色彩词，都应具有色彩的色相、明度和纯度三种属性。这三种属性彼此互相联系，每一种色相都有明度和纯度之分，每一种明度，都具有不同的色相，而且明度也体现一定的纯度。如"鲜红"的色相是一种红，明度和纯度都很高，而"暗红"则是明度和纯度较低的红色。同样，人们用"浓度"对色彩的物理属性进行了概括，如"鲜红"的浓度低，而"暗红"的浓度高。可见，任何一个色彩词，都可以反映复杂的色彩系统。

（二）色彩字构成抽象色彩词的方式

抽象色彩词主要以色彩字为核心，通过增加表示情状的重叠成分，或者加后缀、限定词等构成。这一类色彩词的构成形式也比较多。

1. 色彩字+重叠成分

这种结构中的色彩字主要是基本色彩字，表示某一种色彩。

每种色彩都会给人不同的心理感受，这种感受来自人们对色彩的联想。如果感受很强烈，人们就会用重叠式表示。这种形式中的重叠成分都可以拆开单独使用，都有独立的意义，重叠后则程度加深。如"晶"表示光亮，"晶晶"有很亮的意思。"黑晶晶、蓝晶晶"就有乌黑发亮、蓝而发亮的意思。类似的还有"绿莹莹、蓝莹莹、银闪闪、黄灿灿、金灿灿、黄烁烁"等。"茫"、"蒙"、"苍"在空间上有广阔的意思，重叠后有更加广阔之意。形容某种色彩一望无际，就可以用"白茫茫、黑蒙蒙、青苍苍、灰苍苍"了。"扑"本是用力向前冲之意，如果一种色彩让人感到很抢眼、很艳，有扑面而来的感觉，就可以用"扑扑"来构词，如"红扑扑、灰扑扑"。类似"扑扑"的还有"沉沉"、"压压"等，都是色彩给人的一种主观压抑的感觉，如"黑沉沉、黑压压、灰沉沉"等词。有的色彩鲜艳欲滴，给人一种可以触到的感觉，如"白嫩嫩、红润润"等词。这种方式构成了不同的色彩系列，其中黑色词最多，白、绿、红色词也较多，如：

（1）黑：黑黝黝、黑漆漆、黑苍苍、黑洞洞、黑压压、黑沉沉、黑蒙蒙、黑黢黢、黑溲溲、黑茬茬、黑丛丛、黑簇簇、黑森森、黑油油、黑晶晶、黑亮亮、黑湫湫、黑乎乎等。

（2）白/银：白花花、白皑皑、白茫茫、白胖胖、白晃晃、白漫漫、白蒙蒙、白绒绒、白生生、白刷刷、白闪闪、白嫩嫩、白净净、白厉厉、银闪闪、银晃晃等。

（3）绿/青/碧/翠：绿油油、绿茵茵、绿生生、绿汪汪、绿丛丛、绿葱葱、绿茸茸、绿莹莹、青幽幽、青郁郁、青森森、碧莹莹、碧森森、碧粼粼、翠生生等。

（4）红：红彤彤、红殷殷、红赤赤、红艳艳、红润润、红光光、红通通、红扑扑等。

（5）黄/金：黄灿灿、黄澄澄、黄蜡蜡、黄苍苍、黄楚楚、黄烁烁、黄腻腻、金灿灿、金闪闪等。

（6）蓝：蓝晶晶、蓝闪闪、蓝森森、蓝莹莹、蓝幽幽、蓝汪汪等。

（7）紫：紫乌乌、紫嘟嘟、紫巍巍等。

（8）灰：灰蒙蒙、灰苍苍、灰洞洞、灰扑扑、灰碌碌、灰蓬蓬、灰沉沉、灰塌塌、灰突突等。

2. 形容词 + 色彩字

（1）黑：焦黑、枯黑、油黑、漆黑、墨黑、昏黑等。

（2）白：惨白、昏白、枯白、死白、煞白、寡白、皓白等。

（3）红：娇红、焦红、窘红、嫩红、怒红、妖红、醉红、潮红等。

（4）黄：娇黄、惨黄、干黄、槁黄、焦黄、枯黄、蜡黄、嫩黄、衰黄、油黄等。

（5）绿：惨绿、幽绿、娇绿、油绿等。

（6）灰：苍灰、惨灰、暗灰等。

这里的形容词都带有人的主观感受，不同于具体色彩词"明黄、暗绿"等中的"明、暗、深、浅、纯"等形容词，它们只是表明色彩的明度和纯度，是客观描绘。如"娇红"中的"娇"由于"红"得鲜艳欲滴，使人产生柔嫩、可爱的感觉，所以"娇红"就是指红且柔嫩的色彩。如《子夜》中的：（冯云卿）站在那一丈见方的天井中对着几盆娇红的杜鹃和一缸金鱼出了一会（儿）神。再如"惨白"指脸色白而凄惨，"惨"义从脸色苍白而生。

3. 色彩字 + 形容词

这一类色彩字主要是"黑"和"白"，如"黑亮亮"，可以说成是"黑得发亮"。这类词还有"黑亮、黑黢、黑郁、白亮、白净、白嫩、白润、白腻、白皙、红润"等。

4. 形容词或动词 + 色

这一组需在词尾加上"色"字，相当于"……的样子、……的神气"，也可用一些表示人的情绪、态度以及由此产生的面部表情的形容词、动词等构成。这些词常常形成意义上的对比。如：冷色—暖色；喜色—怒色；愉色—忧色/愁色等。

5. 名词 + 色

这一组色彩词来自人们对某些景物、状况进行选择加工后获得的感觉。如：春色—秋色；暮色—曙色；老色—嫩色；保护色、流行色等。

（三）基本色彩字彼此组合的特点和规律

两个基本色彩字组合在一起，有的可以成立，有的不可以成立；有的是词，有的是词组，情况变化多端。有的可以组合成一种比较接近的颜色。如"黑、灰"两个色彩字组合后，可以有"黑灰"和"灰黑"两个词，都表示灰里发黑的颜色；有的不能构成色彩词，如"橙黄"，反过来不能成立，即"黄橙"不能作为色彩词；有的放在一起还是表示两种色彩，如"红蓝"是词组，表示红色和蓝色，且很少说"蓝红"；有的组合后，形成两种组合，一个是词，一个是词组，如"黑红"是词，"红黑"是并列性词组，表示两种色彩的并列。

1. 偏正式和联合式的形式变化

"色彩字 A + 色彩字 B"有时可以组合成一种新的色彩词，其语义结构上是一个偏正式的复合结构，以第二个色彩字 B 的意义为中心，第一个色彩字 A 起修饰作用。如"橙红"是红色的一种，与"黑红"、"桃红"等构成"红"的语义场。而有的色彩字组合后还是两种色彩，没有形成新的色彩组合形式，这种组合可以是词组，也可以是词或构词单位，即联合式组合，它们仅仅是两种色彩概念的杂糅或混合。如"黑白分明"、"黑白电视"、

"黑白照片"中的"黑白",并不是一种新产生的颜色。前一组合类似化学变化,后一种组合类似物理变化。

"紫红"与"黑白"的词形变化对比表

色彩字(AB)	原式—重叠式	变式
偏正式	紫红—紫红紫红(ABAB)	红得发紫
联合式	黑白—黑黑白白(AABB)	黑白相间、红蓝错杂

2. 色彩字组合的相对次序

两个色彩字的组合是有规律的(高永奇,2004)。上一小节我们提到了 AB 偏正式组合中所遵循的色彩字的搭配规律,比如以"红"为基调,可以有"青红、橙红、粉红、紫红、黑红"等色彩词,但以从右到左反过来的顺序形成的组合多为并列词组,如"红绿、红黑、红紫、红灰"等。需要注意的是,这种组合规律只能揭示其相对位置,并不是每个左边的色彩字都能和右边的色彩字组合为词,如"红白"就是一种并列词组,表示两种颜色。

联合式组合也遵循一定的顺序:红、灰、青、黄、黑、橙、棕、粉、紫、蓝、绿、白,一般按照从左到右进行组合:如一般说"黑白相间的花纹",却很少说"白黑相间的花纹"。在色彩对举的并列结构中,同样要按照上述顺序进行组合。如"红花绿草"（少有"绿草红花"）、"花红柳绿"、"红男绿女"、"青山绿水"（戏词中有"绿水青山"，可能是为了押韵）、"青一块，紫一块"、"青天白日"等。

有的色彩字有两种组合，都可以成立，这时它们表达的意义往往不尽相同。如"黑红"常常表示混合色，"红黑"常用在"红黑两色"、"红黑相间"等表示并列意义的词语中。

3. AB、BA 并存的组合规律

两种颜色的混合色可以有 AB 组合，也可以有 BA 组合，如"灰蓝/蓝灰、灰黑/黑灰、紫红/红紫、紫黑/黑紫"等就是可以互换顺序的结构。AB、BA 两种组合使用频率接近，但是居于中心语位置的基本常用色彩字"蓝、黑、红"比起"灰、紫"色相更稳定，因此，"灰蓝、灰黑、紫红、紫黑"更为常用，而"蓝灰、黑灰、红紫、黑紫"常用在与别的颜色进行对比的句子中。以"黑紫"与"紫黑"为例，看下面的句子。

（1）黄瘦的脸膛上布满了紫黑色的老（人）斑，眼睛也不好了，连说话也颠三倒四的。（张胜利《八舅》）

（2）他的确跑得很快，超过了几辆其他的车，汗在他那紫黑色的皮肤上浸润着。（靳以《在车上》）

（3）冬天，洁白的雪地上遍布着斑斑血迹和没被啃净筋肉的骨骸，血与雪溶解成的冰块，经过时间的洗刷，由鲜红变成了黑紫。（王凤麟《野狼出没的山谷》）

（4）深绿的是韭菜，浅绿的是小白菜，爬架的是黄瓜，那满身绿刺儿，头上顶着黄花的黄瓜，还有黑紫的海茄，发着香味的香菜与茴香，带着各色纹缕的倭瓜，碧绿的西葫芦，与金红的西红柿……可是尽管生产，卖给谁去呢？（老舍《四世同堂》）

前两句用的是"紫黑"，没有其他的颜色作参照，说的是一种色彩。后两句用的是"黑紫"，是与其他颜色对照着说的，通常与"红"、"青"等颜色相对，即紫色偏黑。因此，我们把"紫黑"看作偏正式组合的常态。

4. AB、BA 仅有一种成立的心理机制

同样是两种颜色混合之后而成的一种混合色，在语言的表达上是选择 AB 还是选择 BA，会受汉语颜色词使用情况的制约。如："橙红色"通常不说成"红橙色"，"红绿"组合多过"绿红"组合。

偏正式结构通常为"前偏后正"式，语义中心在后一成分上，色彩的基调也体现在后一字的色彩上。因此，后一成分的使用频率影响了汉语色彩词的使用频率。后一成分的使用频率按照由高到低的顺序排列（从左到右）：白、红、黄、灰、黑、绿、紫、青、蓝。除了"灰"，其余的色彩字都是汉民族使用较多、容易辨识的色彩，而"紫"、"蓝"等颜色词义项较少，且词义相对明确，在与其他基本色彩字组合时，通常不宜做中心成分。在基本色彩字跟其他非基本色彩字的组合中，基本色彩字的可感知

程度要高。因此，基本色彩字更倾向于充当中心语。如"靛蓝、橘黄、绛紫"等。

另外，色彩字的搭配也体现了古人的审美心理。"朱红、红绿"的搭配，既符合色彩调和的理论，也符合中国汉民族注重色彩和谐的文化心理；"朱红、赤红、碧青、青翠"等采用同一色相的两种色彩组合，给人单纯柔和的感觉，是一种单色调，与"红绿、黄紫"在色相序列"红、橙、黄、绿、青、蓝、紫"中的反差较大，而且任何颜色浓度加深就是"黑"，任何颜色亮度增加都会变"白"，"黑白"组合也形成了反差。这些反差大的色彩组合在一起，形成强烈的对比，彼此衬托，十分醒目。

八、色彩字与固定语言结构

　　词语是社会的镜像，随着社会的发展、文明的进步，色彩词也在不断发展变化着。有的色彩词稍纵即逝，湮没在历史的尘埃中；有的色彩词经受了岁月的洗涤，从历史的长河中走来，凝聚着人民大众的智慧和经验，反映了自然界和社会的一般规律。带有色彩字的汉语熟语，富有汉民族的文化特征，是汉民族文化的精华，也是语言的核心与精髓的体现。熟语包括谚语、歇后语、成语等。另外，对联也是汉语独特文化的一种，色彩字在其中也有不俗的表现。

（一）色彩字与谚语

　　谚语是通过简练、通俗的语言表达生活与生产中的一些哲理。

　　①人无千日好，花无百日红：指人的青春短暂易逝，正如花开的时间短促，容易凋谢一样。比喻好景不长，或者友情不能持久。反映了万事万物在不停变化着，人的感情也在变化着的道理。

②人老珠黄不值钱：人年纪大了，就像珠子年代久了变成黄色，不如新珠子值钱一样，特别指古代妇女年龄大了被嫌弃。现在有些老年人，常感到寂寞，有时也会用这句话来形容自己。

③白头如新，倾盖如故：白头，指老年。盖，指古时候的伞盖。这两句中，上句指两人相交很久，都已经年老了，可由于相互不了解，仍像刚认识的一样；下句指路上两人坐车相遇，伞盖互相交错，两人停车说话，意气相投，就像结交已久的老朋友一样。上下两句形成对比，说明友情的浅薄与深厚是不能以时间长短来衡量的。

④白日莫闲过，青春不再来：白日，就是白天。这两句告诉我们，要抓紧时光，认真学习、工作，因为时光是不会再重来的。

⑤白日不做亏心事，夜半敲门心不惊：白天没做对不起良心的事情，半夜就算有敲门声也不害怕了。

⑥牡丹虽好，还需绿叶扶持：牡丹花雍容华贵，但它的美都要靠绿叶陪衬。比喻人尽管才能超凡，也必须靠众人支持。这与"一个篱笆三个桩，一个好汉三人帮"说的是同一理。

⑦近朱者赤，近墨者黑：本来指靠近朱砂容易沾上红色，靠近墨就容易沾上黑色。也比喻接近好人，可以使人变好；接近坏人，可以使人变坏。说明周围的环境对人的影响很大。汉语中有"老鼠的儿子会打洞"，也有"兵家儿早识刀枪"的说法。与此相一致的说法还有"丹之所藏者赤，漆之所藏者黑。是以君子必慎

其所处者焉",此言出自三国时魏国王肃的《孔子家语·六本》，意思是，朱砂所放的地方一定会染上红色，墨漆所放的地方一定会染上黑色，所以君子必须谨慎地选择与自己相处的人。这句谚语提醒人们交友应谨慎。

除了这些关于人生道理的谚语，还有关于农业和气象方面的谚语。这些都是人们对大自然冷热、风霜、雨雪、雷电等自然现象长期观察，加以总结的结果。如"蜻蜓低飞、蚂蚁搬家"暗示阴雨天气就要来了。

⑧乌头风，白头雨：天空常常会出现一朵朵的云，如果云顶乌黑，预示着将要下雨。实际上云顶乌黑，天空会先刮一阵大风；当云头由黑变白时，才真的会下起大雨。

⑨早霞（烧）不出门，晚霞（烧）行千里：早晨如果东方出现火烧云，即一种通红的云，预示着今天可能会刮风下雨；如果是傍晚出现，就预示着第二天晴空万里。相似的谚语还有"日出胭脂红，无雨便是风"；"东虹日头西虹雨"等。

⑩天上灰布点，细雨定连绵：如果灰白色的云均匀地布满天空，像一块灰布，那么不久就会下起小雨，而且会下很长时间。

⑪人黄有病，天黄有雨：天空发黄一定会下雨，就像人的面色发黄可能会有病一样。原因是云里有较多水珠的时候，容易把太阳光里的青、黄、紫几种色光散射掉，而留下红、橙、黄几种色光，天色就会呈现黄色。

（二）色彩字与歇后语

歇后语是俗语的一种，由前后两部分组成，前一部分是谜面，后一部分是谜底；也可以说前一部分是引子，后一部分是结论。平常人们说话时，只把前面部分说出来，而把体现本意的后半部分隐藏起来，让听话人去体会、猜测，所以叫歇后语。歇后语中也有一些是带色彩字的，一样生动活泼，富有幽默感。

①白纸上写黑字——更改不得。

②黑木耳烧豆腐——黑白分明。

③青蛙吃黄蜂——倒挨一锥子。

④黑地里打恭——没人领情。

以上歇后语中，色彩字在谜面部分；下面的歇后语中，色彩字在谜底部分。

⑤小葱拌豆腐——一青（清）二白。

⑥老鼠钻到烟囱里—— 两眼墨黑。

⑦石榴花开——红到底。

（三）色彩字与成语

成语有很大一部分是古代相承沿用下来的，它代表了一个故事或者典故。有色彩字的成语的数量不少，大多出自书面，四字结构为主，很多是成对出现，这使得语言表达生动简洁、形象鲜明。

色彩字在成语中的出现是不均衡的，统计带色彩字的成语共424个，我们发现：带"白"字的成语，共有 138 个，占总数的32.5%，带"黄"字的成语占 16%，带"青"字的成语占14.2%，带"红"字的成语占 12.7%，带"朱"字的成语占8.7%，带"黑"字的成语占 8.5%，带"赤"字的成语占6.1%，带"蓝"字、"褐"字的成语只有几个。而"橙"、"棕"由于出现得晚，没有成语构成。这样，色彩字出现在成语中的频率从高到低排，前几位基本上是古代的五色。

1. 尚红习俗

红、白两色在汉民族风俗文化中最为突出。汉民族喜欢热烈的红色，所以在喜庆的日子里用红色来表达内心的喜悦。红色有吉祥、喜庆、幸福之意，如"披红挂彩、红丝暗系"都含有喜庆的意义。而白色则充满着不吉利的意味，如"素马白车、白骨露野"等饱含着哀丧的意味。

2. 等级制度的体现

语言中的色彩词常与民族文化心理相联系。汉语中的色彩词体现着古代社会的等级制度。汉民族的"黄色"，是帝王之色。故成语"黄袍加身"表示被部属拥立为帝，后比喻发动政变获得成功。而"朱、紫、青、绿"，都是官阶之色。前两种颜色代表封建官僚中的最高层，因此成语"被朱佩紫、兼朱重紫、衣紫腰金、怀金垂紫、珥金拖紫、怀黄佩紫"都指高官显贵。"大红大紫"形容人显赫、得意。"青、绿"是中下层官吏服饰的标志，象征地位低微，所以"白发青衫"指年老时功名未就，"青衫司马"喻指失意的官吏。白是平民之色，古代平民服饰不许施彩，故称平民为"白衣"。成语"白衣秀士"、"白衣寒士"都指尚未做官的读书人。

3. 厚青薄蓝

在古代，青既指绿色，又指蓝色，还指黑色。后来先分出"绿"，最后分出"蓝"。蓝表色的时间较晚，因此带"青"的成语多，带"蓝"的特别少。

"青"表绿色的成语比较多，如"青史留名、青史流芳、青史传名、名垂青史、名标青史、万古长青、青梅竹马、青蝇染白、青蝇吊客、青蝇点素、白璧青蝇、青钱万选、纤青拖紫、拖紫垂青、拖青纤紫、俯拾青紫、掇青拾紫、取青媲白、抽青配白、朱阁青楼、红粉青楼、红粉青蛾、青灯黄卷、黄卷青灯、水绿山青、水碧山青、绿水青山、碧水青山、青山绿水、青黄不接、半青半黄、七青八黄、妙手丹青、炉火纯青、青红皂白、不问青红皂白、不分青红皂白、青面獠牙、鼻青眼肿、青州从事"等。

"青"表示蓝色的成语比较少，如"青云万里、青云直上、直上青云、平地青云、平步青云、碧海青天、青过于蓝、青出于蓝"等。

"青"表示黑色的成语最少，如"司马青衫、白发青衫、青鞋布袜、布袜青鞋"等。

在成语中，涉及"青"文化含义的有 17 个词，如"纡青拖紫、拖紫垂青"比喻高官或显贵。"白发青衫"指年老时功名未就。

"蓝"本来指蓼蓝草。在汉代"蓝"偶尔有颜色意义，唐代后它才专指蓝色。虽然在古代文献中，"蓝"作为色彩词出现过，如"日出江花红胜火，春来江水绿如蓝"，然而"蓝"字成语却很少。大致可分为三组，但都不是表色彩的。如：

①青出于蓝、青过于蓝。

②蓝田生玉、蓝田出玉。

③衣衫蓝缕（衣衫褴褛）、衣冠蓝缕（衣冠褴褛）、筚路蓝缕（筚路蓝缕）。

第一组中"蓝"指蓼蓝草；"青"指由蓼蓝草加工成靛蓝后再进行浸染而成的颜色。"青出于蓝"这一成语出自荀子《劝学》中的"青，取之于蓝，而青于蓝；冰，水为之，而寒于水"。成语表层意思是从蓼蓝草中提炼出来的靛青，颜色比蓼蓝草更深。后用来比喻学生超过老师或后人胜过前人。

第二组中"蓝田"指的是陕西省蓝田县，这里出产名贵的蓝田碧玉。但由于山势险峻，开采这种玉石十分困难，开采者常常遇到生命危险。唐代诗人李贺的《老夫采玉歌》写的就是蓝田采玉匠人的苦难生活和痛苦心情。

采玉采玉须水碧，琢作步摇徒好色。老夫饥寒龙为愁，蓝溪水气无清白。

夜雨冈头食蓁子，杜鹃口血老夫泪。蓝溪之水厌生人，身死千年恨溪水。

斜山柏风雨如啸，泉脚挂绳青袅袅。村寒白屋念娇婴，古台石磴悬肠草。

第三组中，"筚路蓝缕"出自《左传·宣公十二年》的"筚路蓝缕，以启山林"。其中，"筚路"指柴车，此车多是用荆条或竹子编成，没有任何装饰；"蓝缕"同"褴褛"，指破衣服，应属本有其字不用，却借用别的同音的字来表示的通假用法。整个成语的意思是架着柴车、穿着破旧衣服去开辟山林，形容创业的艰辛。

总之，蓝色在成语中都用"青"来表示，"蓝"字成语却不直接表示色彩。

4. 颜色对举，调和对比

一个成语中出现了两个色彩字，色彩的搭配有一定的规律，体现了古人的审美心理。黑白、黄紫、红绿的搭配，符合单色调和、类似调和、对比调和的色彩理论，说明人们不仅注重色彩的视觉冲击，更注重色彩和谐的文化隐喻。

单色调和指选择同一色相的色彩，变化明度或纯度与原色相配，取得既统一又有变化的结果，给人单纯柔和、高雅文静的感觉，如"面红耳赤、耳赤面红、青出于蓝、绿水青山、碧海青天、水碧山青、碧水青山、碧海青山"等。

类似调和指选择色相相互临近的色彩，借助共同的因素，创造出和谐的效果。色相环中颜色的相邻次序是：红、橙、黄、绿、蓝、靛、紫。由于古代没有"橙"这个色彩词（字），所以我们把红与黄看作相邻色，由此，产生的成语有"纤朱怀金"；黄绿色搭配的有"青黄不接、青灯黄卷、七青八黄、绿衣黄里、回黄转绿、黄卷青灯"；青紫搭配的有"拖紫垂青、拖青纤紫、俯拾青紫、纤青拖紫、掇紫拾青"；紫红搭配的有"朱紫难别、紫陌红尘、争红斗紫、万紫千红、姹紫嫣红"等。

对比调和涉及色彩之间的补色。如果两种颜色调和后产生中性的灰黑色，我们就称这两种色彩为"互补色"。从物理学上说，两种互补色光混合在一起时，会产生白光。把两种这样的色彩字放在一个成语中，会使得色彩对比强烈、艳丽、醒目，在视觉效果上产生强大的冲击力。比较典型的成对互补色的例子是黑与白、红与绿、黄与紫。

黑、白二色，从色彩理论上来说，是明暗对比最强的一对颜色，二者在所有方面都是对立的。黑白是人类对世界最初的色彩感知，黑白划分了黑夜和白天，符合先民凡事一分为二的观念，形成了"粉白墨黑、粉白黛黑、白纸黑字、白山黑水、判若黑白"等含有色彩对比的成语。后来受外来文化的影响，黑白变成是非之分的两个极点。从文献资料来看，秦汉时"黑"不具备"坏、狠毒、反动"等贬义。后来印度佛教的传入，使黑白具有新的象征意义，形成新的对立关系，"黑白"成了"善恶"的异名，如"黑白分明、白黑分明、黑白混淆、混淆黑白、颠倒黑白、混造黑白、不分皂白、指皂为白、知白守黑、说白道黑、说黑道白"等。

红与绿的对比最多，红花、绿草、绿树，大自然天然神工，在绿意盎然的树木中，代表热烈、兴奋、温暖的红花点缀其间，更显得景色优美。"桃红柳绿、柳绿桃红、柳绿花红、花红柳绿、红肥绿瘦"等说的是春天美丽的自然景象。人工建造的豪华宅邸红绿相衬，也富有生气，如"朱阁青楼、朱梁碧瓦、碧瓦朱梁"这些成语指的是红色的屋脊、青绿色的瓦片，暗指贵族的豪华宅邸。"红男绿女、绿女红男、穿红着绿、穿红戴绿"等成语形容衣着华丽的男女。"酒绿灯红、灯红酒绿"等形容享乐的场面。"翠消红减、愁红惨绿、惨绿愁红、红愁绿惨、红衰翠减、绿暗红稀、绿惨红愁"等成语表面上指花败叶残，实际上也指境况愁苦惨淡。此外还有"视丹如绿、看朱成碧、红粉青楼、倚翠偎红、偎红倚翠"等色彩鲜明的成语。总体上看，有"红"、"绿"字的成语，背负的历史文化并不多，说明这是两种简单直白的颜色，或"红花绿叶"，或"红男绿女"，多指视觉上的鲜明对比。

单纯从视觉上来看，黄和紫是一对令人愉快的色彩组合。明亮、辉煌的黄色是所有色相中最光亮的颜色，紫色则比较神秘、稳重，二者对比会满足人们的视觉平衡，让人感到动人的和谐。如"**魏紫姚黄**"、"**姚黄魏紫**"这两个成语原指宋代洛阳两种名贵的牡丹品种，雍容典雅，后泛指名贵花卉。从二者的象征义来看，"黄"和"紫"在古代都是权力的象征，帝王之"黄"和高官之"紫"都给人以高高在上的感觉，如"怀金垂紫、珥金拖紫"等都指高官厚爵。

（四）色彩字与对联

对联是中国人民喜闻乐见，具有民族特色的一种文体。它分为上下两联，两联字数相同，词性相同，结构和语言对仗；同一联中平仄相间。从内容上可分为春联、贺联、挽联、装饰联、楹联等。色彩字也经常出现在对联中，上下相对，恰到好处。"白"与"青"、"红"与"绿"经常相对。如"三星白兰地，五月黄梅天。红红绿绿家家树，白白青青处处烟。青山有幸埋忠骨，白铁无辜铸佞臣"。"白"对"绿"，"红"对"黄"的对联，如"雪里白梅，雪映白梅梅映雪；风中绿竹，风翻绿竹竹翻风。炭黑火红灰似雪，谷黄米白饭如霜"。

还有其他色彩字的巧妙相对，如浙江西塘古镇上一座单孔石拱桥的桥头联：船从碧玉环中过，人从（步）彩虹带上行。运用比喻描写了桥下碧水与桥形成碧玉环，行人走在桥上，宛如在彩虹上行走的壮美景象。

　　对联的创作，体现了文人的才思妙想，有很多生动的故事可以展示给我们。其中色彩字的上下相对，更增添了其形象性、生动性。

　　"出水蛤蟆穿绿袄，落汤螃蟹罩红袍"说的是明代翰林学士解缙的故事。解缙从小聪明过人，六七岁时就能吟诗作对。他家对门住着一个已经退休的尚书，姓曹。他听说解缙聪慧，人称神童，就想当面考他一下。有一次在大门口，曹尚书见到了身穿绿衣、走路连蹦带跳的小解缙，便出了上联让他对下联：出水蛤蟆穿绿袄。解缙见曹尚书身穿红袍，老态龙钟，便对答：落汤螃蟹罩红袍。曹尚书听后，啧啧称赞，不得不惊叹解缙确实有奇才。

（五）色彩字与色彩语义场

　　色彩字在语言中能描绘万千事物的颜色特征，其中几个色彩字常常同时出现，并对某一事物或者现象进行分别，形成了色彩字的对举或者共现的语境。由于人们认识客观世界的情况和程度不同，人们所用的色彩字数量不同，次序也不同。

　　1. 黑、白对举

　　"黑"和"白"对举适用的语义场比较多。

　　①白纸黑字：本指白纸上写的黑字，现指见于书面的、确凿的证据。

②白山黑水：指长白山和黑龙江，合起来指中国东北地区。

③白道、黑道：在这种对举中，"白道"指按照政府规定与制度做事；"黑道"指不按正常的程序办事，而是采用非法的手段办事。

④黑白颠倒、黑白分明：用来说明正确和错误。

2. 红、黑对举

①红色服装在中国常见于喜庆的婚礼或者节日盛装中；黑色服装庄重、典雅，可以用于正式宴会中，在城市常见于殡葬典礼中。

②红方、黑方：用于称呼中国象棋的双方执棋者。实际上，红方指使用红色字棋子的一方，黑方指使用白色字棋子的一方，但由于人们不喜欢白方的称谓，遂改成"黑方"。

3. 红、白对举

①红事、白事：分别指喜事和丧事。"红白喜事"也称红白事，指红喜事、白喜事，其中白喜事指高寿的人病逝的丧事，也叫"喜丧"。

②红区、白区：红区指第二次国内革命战争时期共产党建立的农村革命根据地；白区指国民党统治的区域。

③红案、白案：这一组词用于炊事员的分工，做菜的工作叫"红案"；做主食（如煮饭、烙饼、蒸馒头等）的工作叫"白案"。

④红脸、白脸：在戏剧脸谱中"红脸"表示忠义，如关羽；"白脸"表示奸诈，如曹操。

4. 红、蓝指称

军事演习中，人们常常用红队和蓝队指称两支对抗的军队。红蓝铅笔指以前一种红、蓝两种色彩各一半的批改笔。

5. 红、绿的比喻义

红与绿的对举很多，如"桃红柳绿、红花绿叶、红衣绿裳"等用的都是色彩字本身的色彩义。当然，也有用比喻义的。

①灯红酒绿：形容骄奢淫逸的腐化生活，也形容都市或娱乐场所夜晚的繁华景象。

②红男绿女：指穿着各种漂亮服装的青年男女。

③红茶、绿茶：是茶叶的两个种类。红茶指全发酵茶，色泽乌黑油润，沏出的茶红艳，具有特别的香气和滋味。绿茶是用高温破坏鲜茶叶中的酶，制止发酵制成的，沏出的茶保持鲜茶叶原有的绿色，如龙井等。

④红帽子、绿帽子：在白色恐怖时期，进步人士被反动派指为共产党员或者与共产党有联系的人，叫做被戴上红帽子。绿帽子也叫"绿头巾"，元明两代规定娼家男子戴绿头巾，后来指人妻子有外遇为"戴绿头巾"、"戴绿帽子"。

⑤红色箭头、绿色箭头：在证券交易市场中，中国采用红色

向上的箭头表示股票走红、上升，用绿色向下的箭头表示股票下跌。股票上升是好事、喜事，所以应该用具有喜庆意义的红色表示，这与中国人对红的偏爱有关。

6. 红、黄与比赛

红牌、黄牌指红色或者黄色的硬纸片。在足球、篮球类体育比赛中，如果运动员、教练员等严重犯规，裁判员出示黄牌予以警告，出示红牌则是要求运动员必须立即退出赛场，同时不得参加下一场或后几场比赛。

7. 青、黄对举

①青黄不接：指庄稼还未成熟，陈粮已经吃完。比喻人力或物力的暂时短缺。类似的还有"半青半黄、七青八黄"等成语。

②青灯黄卷：也可以作"黄卷青灯"。"青灯"指油灯，灯光呈青黄色。"黄卷"指书籍，由于古代纸张多用黄色颜料涂染，以防虫蛀，所以呈黄色。青灯黄卷有两种意思：一是形容辛勤攻读，虽然生活清贫但仍不辍耕读；二是指佛经及佛前供设的灯，形容佛教徒的孤寂生活。

8. 青、白对举

①青天白日："青"是蓝色，实际是指蓝天白日，就是大白天的意思。此词经常用在以下类型的句子中：青天白日的，竟敢

拦路抢劫!

②青眼、白眼:"青眼"跟"白眼"相对。青眼指人两眼正视,黑色的眼珠在中间,比喻对人的喜爱和重视。白眼指眼睛向上或向旁边看,现出白眼珠,表示看不起人。如:平白无故遭人白眼,令人郁闷。

9. 白、苍对举

白、苍对举,出自唐代杜甫《可叹》一诗:天上浮云似白衣,斯须改变如苍狗。后来用"白衣苍狗"比喻世事变幻无常,也可以说成"白云苍狗"。

10. 红、紫与射线

红、紫:红和紫本来是相近色,一般有"紫红"、"红紫"的称谓,前者指带点紫的红色,后者指偏红的紫色。还有"红得发紫"的说法。当然,二者也有对举的时候,如"红外线"和"紫外线"。

11. 蓝、绿与政党

台湾最大的两个政党为蓝营和绿营,因各自党旗的主要色彩而得名。蓝营国民党党旗为蓝色背景,中间是一个放出 12 道光芒的白色太阳;绿营民进党党旗以绿色为背景,白色"十"字通四边,中间镶以绿色台湾图案。

12. 白、赤、黄与轨道

"白道"指月球围绕地球运行的轨道。"赤道"指环绕地球表面距离南北两极相等的圆周线，它把地球分成南北两个半球，是划分纬度的基线，其纬度为 0 度。"黄道"指地球绕太阳公转的轨道平面与地球相交的大圆。我们将一年当中太阳在天球当中的视路径称为"黄道"。

13. 红、黄、绿与信号

①红、黄和绿的对举常用于交通指示灯，红灯指示停，黄灯指示准备，绿灯指示可以通行。

②在手机等通信设备中，电量指示条用绿色表示充裕，用黄色表示电量不足，用红色表示电量即将耗尽，需赶快充电。

14. 黑、白、绿与批评

①黑色批评：会使学生觉得尴尬、难堪，甚至是感到羞辱，而且还很有可能会使他们在相当长的一段时间内无法抬起头来走路。

②白色批评：指教师对犯错误的学生大声呵斥，可能还会严厉惩罚，这种批评给学生留下一种白色恐怖的感觉，所以叫"白色批评"。

③绿色批评：则是一种安全的、有价值的优质批评，提供给学生的是一种宝贵的心灵礼物。

15. 黑、红、蓝与骇客

人们利用"黑客"（Hacker）类推推出"红客"（Red Hacker）和"蓝客"（Blue Hacker）。

①黑客：最早源自英文"Hacker"，原指热衷于计算机技术，且水平高超的电脑专家，尤其是程序设计人员。但在媒体报道中，"黑客"一词往往指"软件骇客"（Software Cracker），同时也泛指那些专门利用电脑网络搞破坏或制造恶作剧的人。很多网友将"黑客"与"骇客"混为一谈。

②红客：与黑客相对而言，指那些维护国家利益，热爱自己的祖国、民族，热爱和平，极力维护国家安全与尊严的电脑程序人员。

③蓝客：信仰自由，提倡爱国主义的黑客们，用自己的力量来维护网络世界的和平。

16. 黑、蓝、白、黄、花与屏幕

电脑出现故障后，除了不能运行外，最主要的外在表现为屏幕上出现黑屏、蓝屏、白屏、黄屏、花屏现象。

①黑屏：指电脑桌面背景变为纯黑色。黑屏现象一般是由于显示器损坏、主板损坏、显卡损坏等造成的。这一现象常出现在使用时间久了的电脑中。有时人为因素也会造成电脑黑屏，如微软中国的正版验证，盗版软件的用户将分别遭遇电脑"黑屏"与"提醒标记"等警告。

②蓝屏：英文名称 BSOD（Blue Screen of Death），指当 Microsoft Windows 由于灾难性的错误，内部条件阻止系统继续运行或停止执行时所显示的蓝色屏幕。

③白屏：LCD（液晶显示器）开机后，显示的画面成全白色（白屏）的故障。一般显示器白屏现象不太常见，主要出现在一些使用了很久的显示器上。

④黄屏、花屏：由于显卡连线不稳或者由于使用时间过长而产生屏幕变黄或出现杂乱色彩的现象。

17. 白、黑、红、绿与凭据

色彩与凭据的对应，可以用某色条子来称呼。

①白条子：指某些单位或部门的财务管理中对那些没有正常收支凭证的费用，由有关负责人、经手人所开写的收支条子。

②黑条子：指上级个别领导批准后私下塞给企业财政部门报销的发票。

③红条子：指某些企业借集资之类的名义向他人索取钱款后开给对方的非正规收据。

④绿条子：指不能及时兑付的邮政汇款单。

18. 红、黄、黑、蓝与职业

色彩与职业的对应有四种：

①红道：指从政当官之路，因为任命官职是用红头文件书

写的。

②黄道：指下海经商之路，经商是与钱打交道的。

③黑道：指考研求学之路，因为硕士学位帽是黑色的。

④蓝道：指出国留学之路，拥有蓝色户口本表明具有永久居住权。

19. 白、黑、灰与收入

色彩与收入的对应分三种：

①白色收入：指按规定获得的工资、津贴等劳动报酬，具有公开性与正当性。

②黑色收入：指通过贪污、盗窃、受贿等非法手段获得的收入。通常是违法的，隐秘的。

③灰色收入：指工资以外通过其他途径获得的收入，属于额外收入。

20. 白、红、灰、绿与消费

原来只有"红白事"对应"红色消费"（结婚、祝寿等喜事的费用）、"白色消费"（办理丧葬的费用），后来延伸出"灰色消费"，即不正当但又不违法的公款消费。近年来，还出现了"绿色消费"，即不破坏生态平衡、不污染环境的消费。

21. 白、蓝、黄、红、绿、黑与封面

白皮书是指政府、议会等公开发布的有关政治、外交、财政、军事、科研等重大问题的文件。各国习惯以封面的色彩为文件命名，是白色封面就是白皮书，其他还有蓝皮书、黄皮书、红皮书。我国和葡萄牙习惯使用白色，如2013年4月16日，中国首次以专题形式发布2013年中华人民共和国国防白皮书，对外介绍中国武装力量的多样化运用；英国习惯用蓝色封面，故称蓝皮书；西班牙、美国等国使用的是红皮书；法国使用黄皮书；意大利等国使用绿皮书；匈牙利1949年曾发布黑皮书；以色列1967年也曾使用过黑皮书。

22. 白、蓝、灰、金、粉、黑、绿与衣领

"领"就是衣领。衣服一般都是有色彩的，不同的工作性质对衣服色彩有不同的要求。在中国职场，人们已习惯了用"领子"的颜色来划分职业阶层，从位高权重的总经理，到出入豪华商务中心的文职人员，再到操作机械的普通工人，领子的色彩诠释着职业的新概念。现代社会有"三界五领"的说法：政界、商界、学术界，就是"三界"；蓝领、灰领、粉领、白领、金领，就是"五领"。三界之内，五领纵横。然则"蓝领吃苦受累收入低，灰领劳心费力不如鸡，粉领清淡悠闲吃自己，白领人前风光人后凄凉，金领位高权重都羡慕，却难得时间慰娇妻"。这是网络都市连载小说《黑领》对不同人士的概括。

①白领（white collar）：也称"白领工人"，或者"白领阶层"，是非体力劳动者的代称，如公务员、教师、销售人员、管理人员、科研人员等。他们常穿白色衬衣上班，并需保持衣着整洁得体，后逐渐引申指"脑力劳动者"。年龄小的称为"小白领"，如果是女性，可以称为"白领丽人"。

②蓝领（blue collar）：也称"蓝领工人"、"蓝领阶层"，蓝领是与白领相对而言的。它原指工作时需要穿工作服或保护性服装的工薪阶层，如仓库工人、渔业工人、矿工、建筑工人等，因工作服的颜色一般为蓝色，故称为"蓝领"工人，后逐步引申指体力劳动者。

③灰领（gray collar）：产生于20世纪70年代中晚期的美国，原指负责维修电器、上下水道、机械的技术工人，他们多穿灰色的制服工作，因而得名。现在成为既能动脑又能动手，具有较高的知识层次、较强的创新能力，掌握熟练的心智技能的新兴人才的代称。灰领职业主要集中在三大行业：一是IT行业，二是设计行业，三是汽车技术行业。如电子工程师、软件开发工程师、装饰设计工程师、绘图工程师、喷涂电镀工程师、电子商务员、多媒体作品制作员、计算机程序设计员、计算机网络技术人员、网页设计与制作员、数码影像技术人员、汽车维修高级技师等。

④金领（gold collar）：金领阶层一般是指具有良好的教育背景，在某一行业有所建树的高层技术人员和高层管理人员。"金"寓意尊贵和富裕。他们的年龄一般在25岁至45岁之间，有一定

的工作经验、经营策划能力、专业技能。如三资企业高级经理、外商驻华机构的中方代表、规模较大的民营公司的经理、国企的高层领导等。金领不仅是顶尖的技术高手，而且拥有决定白领命运的决策权。

⑤粉领（pink collar）：指女性上班族，很可能是担任传统类型的工作职务。其与男性的专业没有重叠，与白领族也不同。在北京、上海、广州等大城市，粉领已成了追求自我心理满足和自由创业女性的代名词，而现代科技也为催生与孵育粉领创造了条件。粉领多出自"食脑"阶层，可以在家办公，大多从事自由撰稿、广告设计、网页设计、工艺品设计、产品营销、进出口贸易、媒体、管理、咨询服务等工作，她们的出现使就业方式更为丰富化、个性化。

⑥黑领（black collar）：是对就职于中国政府部门或国有垄断企业，且具有较高经济和政治地位的人群的统称，起源于《白领陨落　黑领升起》一文。他们在经济学上的特点是能够分享来自于公职权力或者垄断企业的垄断力量的经济利益。黑领子女的就业常常依靠其父辈的能力，这使得黑领身份在某种程度上具有世袭的特点。

⑦绿领（green collar）：指从事环保或保育工作的人员。绿领比传统的白领、灰领、金领更倾向于一种内在的品质特征——以热爱生活、崇尚健康、支持公益事业为目标。

总之，随着人们对客观事物认识的发展，色彩字能有效地分辨事物的色彩。由于受到社会文化、心理状态、审美价值、风俗习惯、宗教信仰等方面的影响，色彩字之间出现的频次差异较大。其中"红"字出现次数最多，其次是"白"字，二者共现频次占总领域的53%。这也体现出汉民族一定的文化传统和特点。

九、色彩字与文化

（一）五色字与五行文化

"五行"是中国传统文化的一个重要组成部分，指的是木、火、金、水、土五种物质。古代先哲们用此来解释世间万物的起源和事物的多样性，由五分法的观念产生"五色"、"五方"学说。五色指青、赤、白、黑、黄五种颜色；五方指东、南、西、北、中五个方位。这五行、五色与五方分别对应，反映了中国远古先民对自然的认识。

我国东部以华北平原、长江中下游平原等为主，植被茂盛，树木参天，是谓之"青"；南方纬度较低，太阳直射多，空气热度大，似火烧，是谓之"赤"；西部以高原为主，常年积雪不化，白雪皑皑，是谓之"白"；北方以草原为主，多黑土，土壤肥沃，是谓之"黑"；中部是黄土高原，以黄色土壤为主，容易种植粮食作物，是谓之"黄"。因而《说文》提到："青，东方色也"；"赤，南方色也"；"白，西方色也"；"黑，北方色也"；"黄，地之色也"。

　　我国在商代曾祭祀四方神，到周代，将四方神与四季相配，认为东为春、南为夏、西为秋、北为冬。到了春秋时期，四方神转化为四帝，并于中央增一神而成五帝。阴阳五行学说流行之后，五方、五色、五帝、五佐与五行彼此相配，形成了中国传统文化中的"五帝五佐"体系。

阴阳五行配对表

五行	五方	五色	五帝	五佐
木	东方为春	颜色为青	其帝太昊	佐神勾芒
火	南方为夏	旗色为赤	其帝炎帝	佐神祝融
金	西方为秋	颜色为白	其帝少昊	佐神蓐收
水	北方为冬	颜色为黑	其帝颛顼	佐神玄冥
土	中央属土	颜色为黄	其帝黄帝	佐神后土

　　五行、五色、五方在先民的认识中，按照一定的搭配理论相互适配。如青，《说文·青部》："青，东方色也。"又如"木"，《说文·木部》："木，冒也。冒地而生。东方之行。"所谓的"东方色"，也就是草木之色。上古先民通过对一年四季植物的观察，发现春天是万物生长的季节，树木多为青色。春从东来，树木泛青便是青、东、木、春的最好联系。可见，"青"与植物的生长和旺盛的生命力有关，它象征着生命，象征着春天，象征着茁壮生长着的植物，它与人类自身的生产以及农牧业生产有

着密不可分的联系。因而,《诗经·卫风·淇奥》云:"瞻彼淇奥,绿竹青青。"春天,古人称为"青春"。进而,由"青"构成的词也具有同样的审美价值,诸如"青史、青士、青奴(夏天床席间取凉的用具,也叫'竹夫人')、汗青、青年、青春、青睐"等。

古人认为,东方的青色象征万物生长,南方的赤色则象征万物茂盛。人们把春天叫做"阳春"、"芳春",把夏天叫"朱辰"、"朱阳"、"朱夏",可见人们对它们的喜爱,再加上古代的日崇拜、火崇拜、红血崇拜、大地崇拜等。我国自古便以南向和东向为尊,以黄色和红色为贵,人们偏爱青色,产生了对南向和东向、红色与青色的迷信。在五色序列中,青仅在"黄、红(赤)"之后,位列第三。而"黄、红、青、黑、白"这一序列,也正是中国古代服饰色彩的序列,只不过是在"红"前加了"紫",在"黑"前加了"绿"罢了。

赤,《说文·赤部》:"赤,南方色也。"《说文·火部》:"火,毁也。南方之行,炎而上。象形。"在人们的视觉感应中,大火燃烧就是赤色。南方向阳,我国处于北纬之地,每年的夏至点太阳也是在南方。南方有利于采光,是养生之地,因此古人房屋建筑的朝向、农作物的种植沟垄走向都是朝南的。由此"火"、"赤"便在古人的认识中形成了紧密的联系。

黄,《说文·黄部》:"黄,地之色也。"段玉裁注:"天玄而地黄。"由此可以看出,在古人眼中地与天齐名。《说文·土部》:

"土，地之吐生物者也。二象地之下、地之中，物出形也。"由于耕种是先民赖以生存的主要方式，土地生长万物，是人们生活的中心。因而土地之"黄"便在人们心目中占据着中央地位。

白，《说文·白部》："西方色也。"金，《说文·金部》："西方之行。生于土，从土。"生活中先民认识到太阳从西方落下，而后的黑暗便使西方成为先民心中惧怕的地方，从而联想到西方是生命终结的地方。而金属在古代征战中具有杀戮的作用，因此白色就与冰冷的金属以及生命终结的西方联系在一起了。

黑，《说文·黑部》："黑，火所熏之色也。"段玉裁注："北方色也，四字各本无，依青赤白三部下云东方色、南方色、西方色，黄下亦云地之色，则当有此四字明矣，今补。"水，《说文·水部》："水，准也。北方之行，象众水并流，中有微阳之气也。"许慎说的"微阳之气"也就是与"阳气"相对的"阴气"。

从先秦《易经》"一阴一阳之谓道"的阴阳对立观念，到许慎、段玉裁的说法，都可以证明我国古代先民对事物的认识常以阴阳理论为基础，有阳就必然有阴与之相对。五行中火属阳，南方色，那么与之相对的水必属阴，为北方色。冬至白昼最短，叫做"日短"。日短则夜长，夜长即黑象。并且在人们的认识中，阴总是和黑暗、阴冷有关，因此黑色便是北方之色。

五色在先民心目中与中国传统的五行有着密切联系，五色说在先民的世界观中占有十分重要的地位，以至于千百年来人们总喜欢按照这一系统来调节自己的社会行为并随之形成一种习惯。

（二）色彩字与等级

随着社会的发展，人们逐渐从颜色作为沟通鬼神与人之间的媒介物这一原始崇拜中脱离了出来。直到社会出现了阶级，色彩就不单再是自然界的一客观事物，而是作为等级、尊卑的标志出现。古代人们的生活可以概括为衣、食、住、行四类，色彩的等级特点也从中得以体现。

1. 服饰等级

衣是人裹体之物，穿衣是文明的开始，服饰文化代表文明的发展与社会的进步。《后汉书·舆服志下》记载："上古穴居而野处，衣毛而冒皮，未有制度。后世圣人易之以丝麻，观翚（huī，古书中指一种有五彩羽毛的野鸡）翟（dí，古代指长尾的野鸡）之文，荣华之色，乃染帛以效之，始作五采（彩），成以为服。见鸟兽有冠角髯胡之制，遂作冠冕缨蕤，以为首饰。"从这段文字可以看出，最早人们穿衣是没有制度的，先是用动物的皮毛裹身，后来用丝麻蔽体。原来衣服是没有颜色的，后来看到五彩野鸡的花纹，以华丽的色彩为荣，于是用浸染的方法增添了五色，这样才成为衣服。后来又看到鸟兽有头冠、角和胡子，于是也做了帽子和帽子上的带子，以此为装饰。

人们对色彩的感受原本出自本性，但在阶级社会中，色彩也有了等级差别。这是因为色彩是服饰文化中的重要内容，服装的色彩常常作为身份的一个外在标志，在礼仪制度中传达出人们的尊卑观念，而色彩字也在人们对服色的使用中被赋予了社会文化的象征意义，从此有了尊卑、上下之别。

古代"衣"为上衣，"裳"为下衣。上衣用正色，即"黑、白、赤、青、黄"是上衣、公服、礼服的颜色，为尊；下裳、衣里、便服一般用间色，即正色之外的颜色，为卑。如周天子在祭祀时着"玄衣纁裳"，其中"玄"为黑色，"纁"是浅红色。天子祭祀时礼服的上衣为黑色，正色；下衣为红色，间色。《诗经·邶风·绿衣》："绿兮衣兮，绿衣黄里。心之忧矣，曷维其已！绿兮衣兮，绿衣黄裳。心之忧矣，曷维其亡！"这几句诗说的是："黄"是尊贵的正色，本应做上衣却做了衣服里子，"绿"是低贱的间色却做了上衣，上下颠倒，里外不分，就如同尊卑位置颠倒一样是不合礼仪的。因为庄公受嬖妾的迷惑，夫人庄姜贤惠而失宠，因此作者作此诗表达对贱妾尊显、正嫡幽微情况的担忧。

服装的色彩作为等级制度的鲜明标志是社会发展到一定时期的产物。古代用色彩比附"五德"，因此人们对色彩的崇尚可以说是"五德"学说的具体体现。中国古代各个朝代都有自己的服饰礼仪制度。传说黄帝为土德，崇尚黄色。舜和禹都在木制食器、祭器外面涂上黑漆，可能与尚黑有关。夏代也尚黑，墨行夏道，穿黑色的衣服。商代尚白，据说商汤行金德，周代尚赤，属火德。

　　据载，最早对服色有讲究的是周代，那时已经形成完备的冠服制度，天子、诸侯、大夫、士在不同场合着不同颜色、纹饰、式样的衣裳、头冠和足履。周代以黄、红为高贵色，贵族、官吏的服色多为朱红、鹅黄；黑为低贱色，是平民的服色。夏朝的帝王夏季穿朱衣，佩戴赤玉，冠冕上的系带、衣服上的装饰物都是朱色，即深红色；诸侯用赤色，即大红色。

　　此后各朝各代开始效仿，逐渐都有了自己朝代的崇尚色，这种崇尚色因人们的主观意愿和社会阶级、尊卑心态的融入被推到了至尊的地位。春秋战国时期，诸侯国各自为政，但在色彩的使用上仍有一定的规约。《论语·乡党》说："君子不以绀緅饰，红紫不以为亵服。"绀是深紫色，緅是接近黑的紫色，这两种颜色黑里带红，都不纯正。孔子认为按照礼仪，君子的服饰不能用这类不纯正的颜色；红（古代指浅红色）和紫也不应该用于便装。在《论语·阳货》中，孔子说"恶紫之夺朱也，恶郑声之乱雅乐也，恶利口之覆邦家者"。这说明孔子倡导君臣、父子、男女要有尊卑等级，色彩的使用也应遵循礼仪制度，所以孔子讨厌用紫色取代朱色的地位。

　　秦始皇很推崇"五德始终"之说，他认为周为火德，秦克周，当为水德，因为水可克火。所以秦崇尚水的对应色为黑色；皇帝常服玄衣绛裳，使用的旄旌、节旗也都是黑色的；秦朝还要求三品以上官员着绿袍深衣，庶人着白袍。

汉初因袭秦制，黑色还是处于比较重要的地位。不过由于刘邦是从南方起兵，南方是赤色，所以刘邦规定服制尚赤。《史记》记载，刘邦没发迹时，一次夜里喝醉酒走路杀了一条挡道的大蛇。有一位老妇说，那条蛇是白帝子（太白金星）的化身，杀它的人是赤帝子。因此刘邦后来起兵时，战鼓和旗帜都用赤色。既然汉代帝王崇尚赤色，汉代的丞相、太尉和汉以后的三公官署都避用朱门，厅门涂黄色，称为"黄阁"。后来"黄阁"专指宰相官署。汉代以冠帽种类和印绶的颜色作为区分官阶等级的依据：皇帝赤绶，诸侯王赤绶，诸国贵人、相国绿绶，公侯将军紫绶，九卿的绶带的颜色按等级分别为青、黑、黄、绀。在服饰方面，汉初统治者对老百姓的要求并不严格，后来贾谊上书汉文帝，提议更秦之法，改服色为黄，但未被接受。后来有人以"五德始终"的学说多次上书，说汉推翻秦，当为土德，应尚黄。汉武帝才采纳尚黄的建议，由此汉代崇尚赤、黄二色。

隋文帝时百官穿官袍，有了区分贵贱、尊卑、等级、职位高低的"品色衣"：紫衫白袍为五品以上官员的常服，六品以下穿绯色。

唐代开始以袍衫颜色区分官员等级。黄色为最高统治者帝王专用，皇帝可以穿黄色衣服，士人、庶人不得以赤、黄为衣。贞观四年（630），规定亲王及三品着紫，四品、五品着朱，七品服浅绿，八品服深青，九品服浅青。后因怕深青乱紫，改八品、九品服碧。"质库掌事，即看皂（黑色）衫角带"，未进入仕途的士子和庶人着白袍衫。如果服色越级是要受处罚的，严重的还要杀头。如"绵州副使著柘黄，我卿扫除即日平"（杜甫《戏作花卿歌》）说的就是绵州副使穿了柘黄长袍，这是种大逆不道、图谋造反的行为，其迟早要被扫除。

宋代因袭唐制，天子穿赭黄、浅黄袍衫，达官贵人以红紫为贵。明清也尚黄，清代皇帝赐臣子黄马褂算是对其极大的恩典。

与尊相对的是卑，那些各朝崇尚之色之外的色彩，无疑就成了卑贱之色，卑贱之色皆为卑贱之人（身份、地位低下之人，多指民众）所着。秦卑白；汉卑青、绿；隋卑黄、白；宋卑白、皂等。

从上可见，官爵等级不同，服饰色彩就会不同，社会各个阶层的色彩是很分明的。最低者素服，即白色服装，色彩最淡。素服常为布衣、短褐，所以描述百姓的另外两种说法又为"布衣"或"白丁"。黑色是皂隶、公差、狱吏的服色，这种人社会地位也很低下。青衣、青衫是职位低下者的服装色彩，若官位高，官服的颜色应是红色，颜色愈深，官品越高。我们至今还用"大红大紫"来形容一个人因极受上司的宠幸而显贵的样子。隋唐后，至高无上的颜色是黄色，黄色即帝王之色，皇帝的服装、皇宫的色调，甚至皇宫里的饰物、太监的服装等都为黄色，士兵和百姓不得穿黄色的衣服，不得用玄黄、紫及玄黑、绿、明黄、姜黄、柳黄。因此，白居易《卖炭翁》中，才会有"翩翩两骑来是谁？黄衣使者白衫儿"的诗句。诗句中的"黄衣使者"指的就是皇宫里的太监。

在中国封建王朝中，黄、赤（朱）是帝王比较喜欢的颜色，也是高贵、华丽的代表色，这可能是由于这两种颜色本身鲜艳、明快，容易受人喜爱。紫色成为高贵色和紫色颜料与染料不易于取得，又极易分解有关。蓝色、青色、白色等服色属于卑贱的颜色，为下层官吏和平民百姓所用，这与靛蓝染料容易制取也有直接的关系。

不过，色彩的使用也呈现出一种复杂的局面，如统治者祭天时的服色为青，祭祀祖先时为玄，祭丧时为黄绿，日常生活中也穿冷色衣服；庶民百姓节庆时也着红色。色彩的象征意义在整个封建社会发展的过程中有相对的稳定性和延续性，尚色文化中的尊卑观念在很长的历史时期中还存在着。

除了上衣与下裳外，古人还有头衣（元服）。一般贵族戴冠，平民戴头巾。现代人经常用"乌纱帽"比喻官职，因为古时候乌纱帽是有一定品级的官员才能戴的帽子。古代男子头上有头巾作为饰物，绿头巾是一种卑贱的服饰。据说春秋时期卖妻女以求食的男子用绿头巾裹头，表示卑贱。唐代李封任延陵县令，下属有罪，不加体罚，只令他头裹绿头巾来羞辱他，后人便将头戴绿头巾视为耻辱。元朝、明朝规定，娼妓家的男子裹绿头巾。后来，人们称妻子有外遇的男人是戴了绿头巾或绿帽子，这种说法一直沿用至今。

2. 祭品等级

民以食为天，食物本身就有丰富的色彩，如玉米就有白色、金黄色、杂色；馒头根据面粉品种的不同也有白馒头、黄馒头（玉米馒头）、略带黑的荞麦馒头等。这些本来没有什么尊贵等级之分，但由于用途的不同，或者是食物稀缺等原因，使得某些食物只能出现在特定场合中，只供某些人享用，从而赋予了其等级色彩。这方面以祭祀时所用的祭品最为典型。

商代特别看重占卜，大事小事都先向日、月、山、河的神灵或者商王的祖先占卜一番。国之大事，在祀与戎。卜问祭祀时看重所用牲畜的毛色。由于商代崇尚白色，所以，白色的牲畜敬献给祖先或神灵时应该更显真诚。在"色彩字＋动物名"的词语中，"白牛、白豕、白羊"等"白"字开头的共计67例，"黑牛、黑羊"等"黑"字开头的10例，"幽"字开头的10例，3例"赤"字开头的，2例"黄"字开头的，白色牲畜最多。

3. 建筑等级

中国传统文化对居所很看重，从选址、选材、结构、造型、布局、装饰到居住、迁居等都有很多说法。色彩在建筑中体现在装饰上。装饰是一种人们对审美的追求，在我国的传统美学思想中，崇尚"天然去雕饰"的自然和平淡，人们赞美白墙、黑瓦那种与自然山水相融，宛若水墨画般的朴素优雅，但建筑的社会功能又驱使人们追求金碧辉煌的奢华。因此，在建筑上，色彩的使用不仅与人们的地理环境、生活习惯和审美情趣有关，而且与特定时代的社会政治制度和礼俗观念有着密不可分的联系。

中国古代建筑大多为砖木结构，而且都有雕梁画栋的装饰习俗。红色是古代宫室及贵族显要的建筑物的常色，代表了富贵和权势。古代帝王宫殿的墙壁都要全部涂成红色，大门、门柱、梁木等也是朱红色的，因此宫廷又称"彤庭"，皇宫里的台阶称"赤墀（chí）"。古代帝王给公侯的赏赐之一就是"朱户"，即将住宅大门漆成尊贵的朱红色。王侯的宅邸为"朱邸"。贵族府邸的门常被漆成红色，故又称"朱门"，后来用"朱门"指代王公贵族的府邸。

建筑装饰最讲究的是房顶，在我国，建造房顶有着极为严格的等级规定。其中，尤以对殿顶形式及其装饰的规定表现得最为突出。中国的宫殿殿顶大都采用大屋顶，有庑殿顶、歇山顶、悬山顶、卷棚顶、硬山顶、攒尖顶等。以庑殿顶为尊，只有北京故宫太和殿、乾清宫和太庙主殿才可采用。殿顶装饰中的瑞兽数量与宫殿等级相应，如太和殿上有 10 只吻兽，是最多的。殿顶上所铺的琉璃瓦是特权阶级或富贵人家的身份象征。琉璃瓦有黄、蓝、紫、绿、黑等多种颜色，明清以黄色为贵，只能在皇家建筑或特许建筑物上才可铺设，如皇宫、孔庙、雍和宫等。为了将黄色衬托出来，这些建筑的屋檐常常施以深蓝等色，以使琉璃瓦在光照下金光闪耀，显得更加辉煌夺目。

普通居民的房舍或青砖灰瓦，或白墙黑瓦，色彩很单一，只有富裕人家的居室、庭院才可在廊柱、门厅、匾额上略微施些彩色。如江南古镇，密密匝匝连成一片的民居，基本都是白墙黑瓦，在青山绿水中显得古朴、淡雅。可以说中国古代建筑文化中的色彩美遵循的是政治伦理制度下的审美原则，色彩的使用与礼俗不能相悖。

4. 古代车轿等级

出行方面，古代交通工具中最常用的是牲畜和轿子。古代车舆制度规定：贵者乘车，贱者徒行，贾人不得乘马车，只有位高权重的人才可坐马车，有钱的商人只能坐牛车，其他人只能步行。古代上层特权阶级喜欢用鲜亮的颜色及涂有鲜亮颜色的器物装饰车马。如天子所乘的车称为"朱路"，公侯显贵们及朝廷使者所乘的红漆车叫"朱轮"、"朱轩"，车厢前用来遮盖的皮子叫"朱鞹"，显然皇室及显贵对"朱"很热衷。

明清时期，官员乘坐的骡车都是用木材制成的，外面涂上栗色、黑色或直接显露木料的本色，车篷做成轿身形状，外面常包一层布围子。车帷的颜色也有等级规定，皇帝用明黄色，亲王及三品以上用红色，其余官员用宝石蓝、古铜、绛色、豆绿色等。地位低下的一般坐驴车，车帷只能用皂青色或深蓝色。

轿子是中国古代特有的一种由人力负重的交通工具，原本只用于山行，汉代以后用于权贵们的日常出行。宋代开始普及，平民在婚娶时也有坐轿子的。明清时期，官轿和民轿的区别逐渐在饰物和色彩上有了明确的区分。清代，皇帝乘坐的轿子顶上镶有金玉珠宝，用黄盖，黄帷，轿杠涂红漆，绘金色云龙纹；亲王乘坐的为银顶，黄盖，红帷；郡王乘坐的是银顶，红盖，红帷；从大学士下至三品文官乘坐的轿子为银顶，皂盖，皂帷；四品以下的官员乘坐的为锡顶，皂盖，皂帷；没有官爵的民轿为黑油齐顶或平顶皂帷的小轿。

从古代居住、出行的礼俗可以看出，在传统文化中，利用色彩来区分尊卑等级的做法涉及社会生活的多个方面，不仅是服饰的色彩，就是居室、器物方面的色彩使用也成为统治阶级让百姓明尊卑、辨贵贱、劝有德的政治教化手段。

（三）色彩字与崇尚

1. 黑、白、赤与时代崇尚

上古有些民族具有尚白的观念，《礼记·檀弓上》记载"夏后氏尚黑……殷人尚白……周人尚赤……"。并且"周大事用平旦，殷用日中，夏用昏时"。意思是，夏代喜欢黑，所以举行大型典礼的时间是黄昏；商代崇尚白，举办大事于中午时分太阳最亮的时候；周代喜欢红，举办大事是在早晨太阳刚升起之时。

"殷人尚白"不是一句空泛的虚语，而是一种商代确曾存在的奴隶主贵族们的时尚观念。这反映在"国之大事"的战争与祭祀中。反映在商人事事时时都离不开的占卜文化中。如在祭祀祖先时所用的白色牲畜就有很多种，在甲骨文记录的祭祀事件中，白马出现了 5 次、白牛 20 次、白羊 4 次、白豕 14 次、白犬 3 次、白豚 8 次、白狐 3 次、白兕 1 次、白鹿 2 次。《史记·龟策列传》记载"乃刑白雉，及与骊羊"，提到了白雉。军队的眼睛——军旗也是白旗，如"建大白，以即戎，以封四卫"（《周礼·春官·巾车》）中的"建大白"就是指殷商树立白色旗帜。

上古三代所尚颜色不同，或许与这三代所属民族集团的色彩心理有关。当然这也并非绝对，例如周虽尚赤，但《史记》记载，周武王伐商，渡河遇白鱼，以为祥瑞，特地祭祀之；在牧野宣誓时，武王也是"左杖黄钺，右秉白旄以麾（挥）"，伐商成功后则"持大白旗以麾诸侯，诸侯毕拜武王"，这里白旗是令旗大纛，而非投降之白旗。就此而言，殷商、西周时代也有以白色为祥瑞的一段时期，商周分属东夷和西方系统，这可能是受北族的影响。在北方各族中，崇拜白色一直是一种普遍的情形。

2. 白、黑与民族崇尚

汉人很早就注意到北方各族崇尚白色的习俗。唐朝高僧慧琳《一切经音义》卷二一："西域俗人，皆着白色衣也。"玄奘《大唐西域记》卷一也说了西域关于穿衣的习俗："吉乃素服，凶则皂衣。"当时西域九姓胡人以黑色为丧服。

西夏立国自称"白上国"（"白上"有"尚白"的意思），为元昊选定之名，盖因西夏及相邻各族均尚白，且佛教教义认为白为净行善业。西夏党项族实属藏人的一支，藏人也有一样的尚白习俗，敬献"洁白的哈达"是极尊敬之意。

东北方的东夷各族也尚白，不同之处在于他们往往也尚青。例如契丹传说，其祖先是男子骑白马，女子骑青牛；而《蒙古秘史》载，蒙古人的始祖是孛儿帖赤那（苍白色的狼），其妻为豁埃马阑勒（白色的鹿）。这里提到的马、牛、狼、鹿与部族图腾有关，但其颜色却一定与白、青二色有关，因为这两色是最被尊崇的高贵之色。

白、青二色也经常被用于蒙古人名。成吉思汗的正妻也名孛儿帖（苍白色），而元末重臣汝阳王父子则分别名为：察罕帖木儿（白铁）、库库帖木儿（青铁）。

女真族同样尚白，"女真"音为"海东青"。海东青是一种飞禽（鹘），而这种猛禽以羽毛纯白者为最高贵。女真的后人满族也尚白，他们喜欢穿白色衣服，对洁白的物品或白色的动物都十分喜爱，甚至还有在去世的人住过的房门上贴白色对联，而出殡时却挂红幡的习俗。

中国皇帝于隋唐开始穿黄袍，之后杏黄色成为中原皇室的颜色。异族王朝，如清朝，其服饰不属于中原的传统服装体系，清朝的祭服甚至有石青色的。满族八旗，有四种基本颜色：黄、白、红、蓝。白、蓝和满人传统喜欢的白、青相合，而黄、红则与汉人的传统崇尚观念有关。满人入关后，皇帝也变为穿黄袍。

所谓"上三旗",是指正黄、镶黄、正白三旗。

朝鲜、大和两族的起源迄今不明,但在色彩心理上,与上述中国北方民族差异不大。最明显的一点,表现为现在韩、日两国国旗的底色都是白色。前文已提到,很多民族一般都喜欢红色,而白、蓝两色仍与白、青接近。各国国旗颜色,以红、黄、蓝、黑、白五色最为常见(国际奥林匹克委员会会旗也包含了这五色)。就此而言,人类的色彩心理也有共通之处。

朝鲜族尚白,据说是因殷人尚白,而朝鲜人自称是箕子的后裔。这一说虽然不太可信,但从传统上说,朝鲜与殷人均属东夷系,而尚白是该系的特点之一。《三国志·东夷传》载扶余"衣尚白,白布大袂"。《海东绎史》记载,高丽"衣皆素白而布缕多粗,裳则离披而襞积衣疏"。直到现在,朝鲜族人仍尚白。跆拳道道服为白色,是因为韩民族把宇宙的本体看成白色,且把万物之源也视为白色。韩民族的自然哲学思想为"始于本体"论,即从"一"开始。韩文的"一"即"白",也就是指宇宙的本体。我们可以注意到,柔道、空手道的道服也同样是白色的。

日本人的色彩心理几千年来变化很小。《古事纪》中天神经常化为白色动物出现,如坂神变白鹿、倭建命神变白鸟、伊吹山神变白猪等。日本传统文学美以"风花雪月"为上,除了风之外,花、雪、月都是白色的。根据前田千寸的统计,《万叶集》520首和花有关的诗中,描写白色花的诗占了204首,位列第一;在该集中,"青"字出现了80次("青"在日语中包括青、绿、蓝等色彩）。

综上所述，在整个东亚北部，多数民族自古都是崇尚白色
的，而其东北部者喜欢青色。陕北人也喜欢白色，着装以白、红
为主，这与中国其他地方汉族的习惯有所不同，可能也是因为当
地自古以来胡汉杂处，文化影响的结果。

相反，中国南方各族多尚黑。彝族以黑彝为贵族，白彝为平
民或奴仆。清代以前，纳西族民间衣服的颜色以黑、白为主，青
壮年多着白色，而老年人穿黑色，因黑色表示尊贵。纳西族自称
"纳"。"纳"即"黑"，"黑"即"大"。因为在先民的观念里，
"光明"是看得见的，因而是有限的；而"黑暗"是看不见的，
因而是无限的。所以在民族语言中把"黑"引申为"大"，称大
江为"黑水"，称大山为"黑山"，称自己为"纳西"，即"大
族"之意。

拉祜族最喜爱黑色，且以黑为美。黑色是拉祜族服饰的一个
特点。至今，拉祜族仍然非常喜爱穿传统服饰，透过拉祜族的服
饰，我们仍可窥见古代氐、羌系统民族的衣着形象。唐代文献中
记载，古代乌蛮"妇人衣黑缯，其长曳地"。此外，苗族等南方
民族也多有此类习俗，服色尚黑，色彩比较深。

3. 白、赤、苍与祥瑞

祥瑞又称"福瑞"，儒学认为其是表达天意的、对人有益的
自然现象。如出现彩云，风调雨顺，禾生双穗，地出甘泉，奇禽

异兽出现等。其中，奇异的动物主要体现在其色彩上，《宋书·符瑞志》记载着许多祥瑞事物，分北瑞、大瑞、上瑞、中瑞和下瑞。

上瑞泛指各类动物，如白狼、赤兔等，是最吉祥的动物。它们的出现意味着国君仁爱有德，英明睿智。祥瑞中有"白祥"一词，泛指众多白毛动物，如白兔、白猿、白熊、白鹿、白狐等。其中白鹿的出现意味着国君贤明爱民。

中瑞主要为各种飞禽。苍鸟、赤雁的出现意味着贤明的国君倡导老百姓孝顺慈爱，不杀生。白色鸟也是吉祥物，如白雉出现说明国君仁德行于民间、政和景明；白燕、白鸠是在国君养老，以道德为尊，不失传统美德时出现。

下瑞指各类奇花异木，如"灵芝草"，或两棵树长在一起形成"木连理"，还有"嘉禾"，古人以之为吉祥的征兆。嘉禾，指生长奇异的禾苗，如异苗同穗或一颈多穗，出自《周书·微子之命》。在古代，一禾双穗苗被视为天降福祉、政通人和的吉祥之兆。《史记·鲁周公世家》中曾记载，周成王十一年（前1032），陶唐一带长出了丰满肥硕的双穗禾苗，被称为"嘉禾"。周成王将它献给周公，并作《馈禾》，周公受禾，又赋《嘉禾》一诗颂扬。据《东观汉记》载：东汉复兴之主光武帝刘秀，于公元前5年生于济阳县，那年济阳生出嘉禾，一茎九秀（秀穗），全县大丰收，光武因名为"秀"。

（四）色彩字与庆典文化

中国是一个尚红的国度，红色象征着喜庆、祥瑞、成功、革命，是承载褒义最多的一色。而黑色，却恰恰相反，在中国的"五色"之中，它与红色相对，是承载贬义最多的一色。红色显贵，黑色显轻；红色祥瑞吉庆，黑色凶杀不祥。这种颜色迷信主要体现在中国民俗文化的相关方面，也反映在汉语词汇中。

1. 红与喜庆

中华民族自古就是一个尚红的民族，这一习俗的形成主要有两大原因：一是自然崇拜，二是受五行、五方、五色、五德等学说的影响。中华民族的尚红，最初与血液崇拜、火崇拜、太阳崇拜等自然崇拜有关。具体表现在重大的庆典中，主要有生日庆典、结婚庆典。这些庆典中除了要吃好吃的，还要穿好看的，玩好玩的。

（1）红与生日庆典。

在中国北方，小孩子在18岁前有三个生日是值得父母大宴宾客、隆重对待的。第一个是满月，第二个是3周岁，第三个是12周岁。不论哪个生日，一旦宴请宾客到家，过生日的孩子不论男孩女孩，其穿着打扮都少不了红色。女孩子穿着红衣服，扎着红蝴蝶结；男孩子3周岁前也可穿红。满月酒那天，家长还会把煮好的鸡蛋涂上红色，送给前来的宾客作为回礼。

即使孩子生日只是自己一家庆祝，南方的家长也会给孩子煮红鸡蛋。如果是正好碰上12岁以及是年岁12的整数岁数的那一年，中国家长就会给孩子系上红裤带，或者在裤子的裤袢上系上一小条红色布，以便趋吉避凶。女孩子还会买红色内衣裤来穿。

人到了40岁以后开始有整岁庆典的风俗。如40岁、50岁会汇聚朋友一起庆祝，上了60岁会由儿女操办，如此便有了六十大寿、七十大寿、八十大寿、九十大寿的庆祝活动。寿星要穿红衬衫，或者红毛衣，或者带点红的衣服，以示喜庆和吉利。

（2）红与结婚庆典。

对于任何人来说，婚嫁迎娶都是人生中的大事。婚庆那天，人们用红色气球装点新人入场时的拱形门，接新娘子的汽车牌上要贴红底黄字的"百年好合"联，婚房墙上或者门窗上要贴上大红"囍"字。新娘和新郎都要穿上新的红色衣服：新娘身穿一身红嫁衣，红衣、红裤、红袜、红鞋；新郎穿带红的袍子，脚穿红袜，肩披红色绶带。

受西方影响，现在的人办婚事时，新娘喜欢穿白色的婚纱，新郎常穿黑色的礼服。这是由于西方的各种传统与宗教关系密切，如黑色是教会的代表色，比较庄重；白色是基督升天的象征色，象征纯洁，是新娘婚纱的颜色。在中国，一般新郎、新娘都会选择几套礼服，进行中西合璧的搭配。

2. 白、黑与丧葬

每个人都有终老病死的时候，中国的丧葬习俗大有讲究。丧葬礼仪有很多要求，其中，死者亲属们的衣着有穿丧服、素服的习惯。中国自周代已有素服（素衣、素裳），举行丧葬礼仪时还要戴素冠，浑身均为白色。在中国古代的五方学说中，西方为白虎，属刑天杀神，主肃杀之秋，所以白色是枯竭而无血色、无生命的表现，象征死亡、凶兆。五服制度，即按与死者的关系决定服丧重轻、周期长短等。古代丧服分为五等：斩衰、齐衰、大功、小功、缌麻。其中斩衰最上，用于重丧，其是取最粗糙的生麻布制作，不缝边缝，出殡时披在服丧者胸前；女子还须披麻戴孝。五服制度历代延续并有所变化，至今已不多见。现代城市中，服丧不依陈规旧俗，只要求哀悼者衣着黑色，整洁朴素，以显肃穆；臂戴黑纱或胸前别白花，以示悼念。

欧洲丧服通常为黑色，居丧期后半年，加穿白、灰、紫或淡紫色（称"半丧服"）。伊朗丧服用表示凋谢的黄色。叙利亚和也门的丧服用蓝色。日本用于丧礼的和服一般为白色或黑色。

3. 红、绿与婚姻状况证书

结婚是二人喜结良缘、幸福美好的事情，显示法律效力的结婚证书的封面颜色是红的。离婚是因二人感情破裂，无法继续生活，显示法律效力的离婚证书的封面颜色为绿色。不过，2003 年 8 月 19 日，中国民政部召开的《婚姻登记条例》新闻发布会，对传统的红、绿两色婚姻状况证书在颜色和格式上进行了调整，使其符合新的婚姻登记条例的要求。按照国际惯例，法律证书不宜展示强烈的感情色彩，因此，传统的大红色的结婚证书、绿色的离婚证书，变为了统一的深红色。民政部官员解释说，结婚是喜事，但离婚也未必是不幸。

（五）色彩字与审美

色彩给人以美感，这种体验源于自然。人对色彩美的体验是最自然的心理反应。色彩可以影响人的情绪，能使人激动又能使人镇静；可以带给人喜悦，也可以使人沮丧，因此许多艺术形式都充分利用色彩美来传达人们的审美体验和丰富的思想感情，如绘画、戏曲脸谱、文学艺术等。

1. 色彩与绘画

色彩在艺术中最直接的表现形式就是绘画。绘画，又被称为"丹青"，"丹"即丹砂，"青"即石青，这两种都是古代绘画、印染业所用的颜料，后来代指绘画。

中国绘画从色彩方面分为重彩画和水墨画。在色彩的运用上，我国传统的美学原则是"随类赋彩"、"以色貌色"，并且非常注重色彩的对比与和谐。对比是为了突出色彩的视觉效果，以表达人们强烈的内心感受，而讲究"五色相宜，八音协畅"则是中国传统文化对和谐、有序的一贯追求。

色彩表现有时代性。唐代喜欢色彩富丽、鲜明的色调，绘画多为青绿重彩画；而宋朝的画面色彩多为青暗、单薄色调，重墨轻色的水墨画在宋朝得到发展并对后世产生巨大影响。水墨画在色彩运用上比较空灵，讲求随类赋彩，墨色相通，浓淡相映，借助人们的视觉经验来激发丰富的想象，将创作者所要渲染、创造的信息充分表现出来。

绘画艺术中只可意会，不可言传的审美体验是以客观对象的自然美为认识基础的，但色彩的审美价值并不以感官愉悦为唯一标准。相传明代画家戴进有一次被征入宫廷，他呈上一幅自以为得意之作的《秋江独钓图》，画面上垂钓之人身穿红袍。当时明宣宗在重臣谢环的陪同下来观画。宣宗问谢环画作如何，谢环看后说："这画画得很好，但嫌粗野。"宣宗一听便推开画作，并将戴进驱逐出画院。原因是，在宋代，大红是朝官品服，钓鱼人穿红袍是不合礼制的。由此可见，人们对色彩的感觉是与社会观念相联系的，是长期的历史文化积淀的产物，理性的文化传统在审美活动中占有极其重要的地位。

2. 颜色与戏曲脸谱

中国戏曲表演中，脸谱艺术是用带色的线条，夸张地勾画出人物的性格特点以及社会审美倾向的一种程式。脸谱本身是一种夸张的表现手法，有褒贬、忠奸、善恶等寓意。

　　戏曲脸谱就形式而言是通过特定的彩绘手法绘制的人面色彩图案。中国戏曲是一种程式化的表演艺术，历史久远，流传很广。生、旦、净、末、丑各种角色的分工不同，扮相也不同。人们常说"忠奸看黑白，善恶分红蓝"。传统戏曲中，演员的各种脸谱技能表现人物的身份地位，突出人物的个性品格。脸谱艺术能根据剧情的需要，表现社会的审美趣味和道德评价。

　　脸谱艺术中的色彩表现形式的文化内涵非常丰富，尤其是"净角"大花脸所体现的人物特点。"净角"俗称"花脸"、"花面"，大都是表现性格、品质和相貌上有奇异之处的阳刚男性人物。他们画脸谱，唱宽音或假声，动作幅度大，以突出其性格、气度和声势。戏曲人物根据所扮角色性格、身份的不同而分为正净、副净、武净等。比如黄色在古代是皇权的象征，京剧中亲王、王爷都用黄色来勾脸，以表现人物位高权重。黄色也是佛教信奉和崇敬的色彩。为了表现佛相庄严，佛法无边，京剧中如来佛是勾金脸，额头印勾红舍利珠。黄色还用来表示人物勇猛、干练的性格，如三国中的黄盖（有时其脸谱也以红色为主）、典韦等人的脸谱也以黄色为主。红色是忠义的象征，三国中的关羽就以红脸著称。关公"过五关，斩六将"，忠义不屈，刚毅坚韧，勇猛过人，历来是人们心中的大英雄。关公的脸谱除了表现出他脸色红如枣之外，还表现出了这一人物忠勇正直、骨重神寒的性格与气概。因为红色如炽热的火焰，象征着光明、温暖、热情，代表着赤诚和忠实。

　　黑色明度低、厚重、质朴，给人强硬、不柔和的感觉。戏剧中的黑脸多用来塑造正直、忠勇、讲信义的好汉形象，如包公、张飞、夏侯渊等。不过，同是黑脸，共性中又有个性的差异。包公是黑脸，其舞台形象是一身黑：头戴乌黑的长翅方纱帽，嘴上挂乌黑的髯口，身上着龙绣黑蟒袍。据说包拯生来肤色较黑，他为官正直，爱民如子，不畏强权，坚持正义，深受百姓们的拥护和爱戴。渲染这一人物相貌上的特点成为表现其内在品格的一种手段。包公黑色的脸谱上太极阴阳形状的白色眉翅和额头上的白色月牙图形，更加突出了他公正廉洁、刚正不阿、明辨是非的品格。张飞是屠夫出身，他的脸谱以黑为主，豹头环眼。黑色反映了他低微的出身、豪放的个性、暴躁的性情以及对友情的忠贞。黑旋风李逵也是黑脸，黑色脸谱突出他劳动者的本色和刚烈的个性。

　　白色明度最高，轻快、平淡，可是在戏曲舞台上白脸被称为"奸白脸"，是"奸臣"的代名词和标志，典型的人物是三国时代的曹操、明代的严嵩和宋代的潘仁美。这些"白脸"人物大多是位高权重者。脸谱里的白色代表奸诈、狠毒、阴险。演绎人员通过白脸表现他们高爵显位、生活优越、心宽体胖、骄纵气度、性好猜疑和居心叵测的特点。他们表面上笑容满脸，实际上是笑里藏刀，不以真面目示人，通过在他们的面孔上涂一层白粉，表示遮掩了其真实面目。

　　曹操在历史上是政治家、军事家和文学家，且一直是历史学家评判的对象。但在戏曲中曹操的形象是，白色脸上勾出黑色眼眶，头戴黑色长翅方纱帽，嘴上挂着满口的黑胡须，身穿龙绣红色蟒袍，脸相中透出阴险毒辣、疑虑重重的神情，这与戏曲对人物的塑造有关。

我国戏曲种类繁多，脸谱式样多变。同是白脸，曹操的白脸就和严嵩的不同。不同剧种对同一人物的脸谱的勾画也不相同，如同是黑脸包拯，京剧与梆子戏中的画法就不相同。即使是同一人物，少年、青年和老年的脸谱勾画方法也不相同。但不管何种地方剧，色彩所赋予的文化信息是相同的。人物一出场，善恶分明，便能激发观众强烈的爱憎之情，同样也使人们在现实生活中难以宣泄的情感，在观看舞台表演时得到宣泄。戏曲欣赏极大地满足了观众的审美需求，这种审美习惯在中国审美心理中极富象征意义。

3. 颜色与文学艺术

文学艺术是一种用语言来描绘人物特点和故事情节的艺术，其常通过运用色彩字、词来记录人们的所看、所听、所感和所想。"文"是"纹"的本字，指花纹；"章"本指赤色与白色相间。"文"和"章"连用本指几种颜色相错杂的花纹，如"青黄杂糅，文章烂兮"（屈原《楚辞·九章·橘颂》）。

语言中有许多色彩字、词都是绘画用的颜料名称，这些色彩字、词在作家笔下就像画家的颜料，可以随形赋彩，传情达意。

如"两个黄鹂鸣翠柳，一行白鹭上青天"（唐代杜甫《绝句》）中"黄鹂"对"白鹭"、"翠柳"对"青天"。诗人用非常鲜明的色彩字去描绘了所看到的景物：翠绿的柳树上两只黄鹂鸟正在鸣叫，空中的白鹭排成一行向高空飞去。再如"白毛浮绿水，红掌拨清波"（唐代骆宾王《咏鹅》）中"白毛"对"红掌"、"绿水"对"清波"，使白鹅舞动着红色的脚掌在清澈的河水中划水的形象跃然纸上。这些对所见景物细致的描写，恰巧反映了诗人对生活的热爱。而诗歌之所以能非常形象，靠的就是巧妙应用了"黄、白、翠、青"以及"白、红"色彩字的鲜明对比。

色彩的联想也是文章得以传神的方法。红色能让人联想到火、花、红旗、鲜血；绿色能让人想到绿油油的草地、碧绿的溪水、茂密的树林等。如唐代白居易《忆江南》中描绘的"日出江花红胜火，春来江水绿如蓝"的美景，通过红彤彤似火一样的江中花、如蓝似绿的江中水，描写了春天，在明媚阳光地照耀下，江南水乡如画的景致。这首诗就是通过联想达到形象描写的。

客观事物的色彩刺激着人们的感官，引发人们各种情感的产生。鲜亮明快的橙黄、浅绿让人感动、兴奋、快乐，充满朝气，黑沉灰暗的色彩让人感到沉闷、忧郁。不同色彩的对比可以使人产生冷暖感、轻重感、强弱感，也可以产生华美与古朴、虚浮与实在的情感。比如唐代诗人李贺的《雁门太守行》：

黑云压城城欲摧，甲光向日金鳞开。角声满天秋色里，塞上燕脂凝夜紫。

　　半卷红旗临易水，霜重鼓寒声不起。报君黄金台上意，提携
玉龙为君死。

　　一般来说，描写悲壮惨烈的战斗场面不宜使用表现浓艳色彩
的词语，而李贺的这首诗几乎句句都有鲜明的色彩，其中如金
色、胭脂色和紫红色，不仅鲜明，而且浓艳，它们和黑色、秋色
（黄色）、玉白色等交织在一起，构成了色彩斑斓的画面。诗人就
像一个高明的画家，特别善于着色，以色示物，以色感人，不只
是勾勒轮廓而已。他写诗时借助想象给事物涂上了各种各样新奇
浓重的色彩，有效地显示了它们的多层次性。为了使画面变得更
加鲜明，他还把一些性质不同甚至互相矛盾的事物糅合在一起，
让它们并行错出，形成强烈的对比。例如用压城的黑云暗喻敌军
气焰嚣张，借甲光向日显示守城将士英姿雄发，两相比照，色彩
鲜明，爱憎分明。李贺的诗篇不只奇诡，亦妥帖，这是他诗歌创
作的基本特色。这首诗用浓艳、斑驳的色彩描绘了悲壮惨烈的战
斗场面，可算是奇诡了；而这种色彩斑斓的奇异画面还能准确地
表现特定时间、特定地点的边塞风光和瞬息变幻的战争风云，且
显妥帖。唯其奇诡，愈觉新颖；唯其妥帖，则倍感真切。奇诡而
又妥帖，从而构成含蓄、蕴藉而富有情思的意境。这是李贺创作
诗歌的绝招，是他的可贵之处，也是别人的难学之处。

（六）色彩字与社会应用

科学家们已经发现色彩是影响人们心理活动的因素之一，它会直接影响人的情绪和情感。德国洪堡大学医学院心理学家艾莱娜教授指出，色彩能引起人们多样的感情和心理效应，如在感情上产生寒暖感、轻重感、软硬感和强弱感；在心理上产生明快与忧郁、兴奋与恬静等效应。红色使人脉搏加快，血压升高，产生兴奋、冲动；绿色使人产生清晰、柔和、舒适的感觉；蓝色使人愉快、平静、稳定；黄色使人激动、高兴；紫色使人压抑、悲伤；黑色使人悲哀、紧张等。

人们早已利用颜色与人心情之间的关系制造出各种环境，以达到各种目的。超级市场使用绿色有利于销售；餐厅最适合用橙色以及相同色调的近似色，它们有刺激食欲的功效，能给人以温馨感，而且能提高进餐者的兴致；小学喜欢黄色或粉色等鲜亮的色彩，大中专学校就爱用白色、蓝色；在西方国家，大城市中普遍存在的"红灯区"（Red-Light District）就是运用红色具有激发人们情欲的特点来招揽生意的；俄罗斯一年中有多半时间都是处于白雪覆盖的冬天，为调整人们的情绪，街道两旁的建筑物都是彩色的。

医院作为治病疗伤的场所，更注重色彩对人心情的调节。德国布伦瑞克夏里森医院中的，急诊室和病号服多采用蓝色，因为蓝色能给人以宁静、深邃之感，具有明显的镇定作用；紫色可使孕妇的情绪得到安慰，于是在孕妇房内的座椅、窗帘等以紫色调为主；黄色能促进血液循环，增加唾液腺的分泌，刺激食欲，这就是消化科和心理科病房以黄色为主色调的原因；棕色能促进细胞的增长，使手术后的病人更快康复，这是手术康复科的主色。同时，对医生来说，色彩也大大提高了他们的工作效率。比如，绿色对人的视觉神经最为适宜，在诊断室和手术室涂上绿色，能够缓解医生的眼睛疲劳，舒缓精神。

在西方，学位服分为准学士服、学士服和博士服三种，前两种一般是黑颜色的长袍，博士袍有黑色的，也有红色的。学位服上有披肩，颜色不同，有蓝、黄、粉等。流苏也有白、黄等颜色。有一段时间，学位服的颜色代表专业与领域，但在美国，大多数的学位服是黑色的。某些大学则选择一种颜色作为该校学位服的特定色。如耶鲁大学的学位服为蓝色，康奈尔大学的学位服为红色，美国西北大学的学位服为粉色。这些学位服的颜色就代表学校学生的"black gown"（学者，黑衣教士）。"学士服"原指大学生的服装，后来就借指有学问的人、学者。18 世纪，英国文学社的女成员们常穿蓝色袜子，由此，人们用"blue-stocking"借指有学问、有才华的女子。蓝盔部队（the Blue-Helmet）是根据联合国安理会决定而成立并受其直接指挥的维和部队，因士兵头戴蓝色钢盔而又被称为"蓝盔部队"。

色彩与政府办公室以及法律政策也有不解之缘。白宫

（White House）是美国总统的官邸，代指美国政府；白厅（White Hall）是伦敦的一条街道，由于是英国政府机关所在地，因此代指英国政府或英国的政策；绿卡（Green Card）因其封皮是绿色，故称"绿卡"，实指永久居住签证。红场（Red Square）是莫斯科的著名广场，原名"托尔格"，意为"集市"。1662 年改称为"红场"，意为"美丽的广场"，面积9.1万平方米，位于市中心，是举行各种大型国家庆典及阅兵活动的中心地点，也是世界上著名的广场之一。

结　语

　　语言是文化的重要组成部分，作为记录语言的符号系统，文字是文化的重要载体。色彩字是中国汉民族几千年来对色彩认知的轨迹记录，承载着汉民族固有的思维模式和心理认知。从甲骨文以来，先民一直遵循着"近取诸身，远取诸物"的造字原则，很早就有"黑、白、赤（红）、黄、青"五种色系的纯色字。在相当长的时间里，中国人的具象思维、整体思维模式支配着人们"借物呈色"。在上古时代，人们创造了数量可观的表色名物字，其中不少表色名物字从开始的物、色同示到逐渐独立表色，不断丰富了汉语色彩系统，帮助人们形象而具体地表达了对客观世界色彩的认识。中古以后，伴随着陶瓷业、印染业等产业的发展，语言中出现了采用基本色彩字彼此组合，或者与色彩类词"采"、"色"大量结合的新形式，同时也形成了以复音节为主的表色名物词。借物呈色的原则同样在复音节词的创造中起着重要的作用，从原来以单字表色，到"表物字/词＋色"，慢慢拓展开来，形成一种开放的表色体系，从而产生了无穷的色彩词。

　　中国对色彩的认知，很早就同"金、木、水、火、土"五行文化结合在一起，形成了五种正色、五种间色，并联系起帝王、方向、季节，从而逐渐形成了具有中国特色的时代崇尚、尊卑等级文化。在现代社会中，色彩字、词等色彩语言发挥了独特的调和功能，广泛地应用于各个场所（学校、医院、企业等）、各个产业的装饰艺术中，人们对外在的服饰、手机、汽车等各取所爱。色彩字与色彩词传达出人们内心对色彩的感觉，表色名物字、词在广泛的应用中得以大大丰富，不断发展。

总之，社会的发展为色彩字的产生提供了原动力，而色彩字在社会各个领域的广泛应用，也为人类认识、分辨、指称事物提供了便利。现在色彩字及其组合的词语已经成为人类生产、生活中不可缺少的符号，尤其是在农牧业（如区分水果和肉类的等级）、美容业、汽车制造业、电子游戏产业等领域中，都显示出高效的分辨功能。而社会的发展，还会促进色彩字、词的功能不断增强，二者相辅相成，共同发展。

参考文献

［1］［日］白川静：《常用字解》，北京：九州出版社 2010年版。

［2］程裕祯：《中国文化要略》，北京：外语教学与研究出版社 2005 年版。

［3］董莲池：《说文部首形义新证》，北京：作家出版社 2007 年版。

［4］范诗言：《成语颜色词研究》，辽宁师范大学硕士学位论文，2010 年。

［5］冯彬：《汽车颜色词探究》，河北大学硕士学位论文，2010 年。

［6］符淮青：《汉语表"红"的颜色词群分析（上）》，《语文研究》1988 年第 4 期。

［7］符淮青：《汉语表"红"的颜色词群分析（下）》，《语文研究》1989 年第 1 期。

［8］高扬：《颜色词"白"字考》，《浙江外国语学院学报》2011 年第 3 期。

［9］高永奇：《现代汉语基本颜色词组合情况考察》，《解放

军外国语学院学报》2004年第1期。

[10] 韩秋菊：《成语中的厚"青"薄"蓝"》，《现代语文》（语言研究版）2007年第4期。

[11] 韩秋菊：《成语中的色彩搭配》，《潍坊学院学报》2010年第5期。

[12] 何九盈、胡双宝、张猛主编：《中国汉字文化大观》，北京：北京大学出版社2002年版。

[13] 黄燕燕：《颜色词"红"的文化内涵及其词义演变》，《现代语文》（语言研究版）2008年第3期。

[14] 李春玲：《汉语中红色词族的文化蕴含及其成因》，《汉字文化》2003年第2期。

[15] 李春玲：《汉语白系词族的文化蕴涵及其成因》，《青海师范大学学报》（哲学社会科学版）2004年第6期。

[16] 李春玲：《汉语中黑系词族的文化蕴涵及其成因》，《汉字文化》2005年第1期。

[17] 李春玲：《汉语中"青"系词族的文化蕴涵及其成因》，《青海师范大学学报》（哲学社会科学版）2005年第4期。

[18] 李红印：《现代汉语颜色词语义分析》，北京：商务印书馆2007年版。

[19] 李景生：《汉字与上古文化》，北京：中国社会科学出版社2009年版。

[20] 李顺琴、李兴奎、潘玉华：《〈诗经〉颜色词研究》，

《云南农业大学学报》（社会科学版）2011 年第 5 期。

［21］刘丹青：《现代汉语基本颜色词的数量及序列》，《南京师大学报》（社会科学版）1990 年第 3 期。

［22］刘书芬：《甲骨文中的颜色形容词研究》，《殷都学刊》2010 年第 3 期。

［23］刘志基：《汉字文化综论》，南宁：广西教育出版社 1996 年版。

［24］龙丹：《汉语"颜色类"核心词研究》，华中科技大学硕士学位论文，2005 年。

［25］卢翠：《〈说文解字〉颜色字研究》，信阳师范学院硕士学位论文，2012 年。

［26］鲁宝元：《汉语与中国文化》，北京：华语教学出版社 2000 年版。

［27］骆峰：《汉语色彩词的文化审视》，上海：上海辞书出版社 2003 年版。

［28］牛亚丽、杨超：《〈说文解字〉颜色词的文化阐释》，《内江师范学院学报》2010 年第 3 期。

［29］潘峰：《释"白"》，《汉字文化》2004 年第 4 期。

［30］潘峰：《〈尔雅〉时期汉语颜色词汇的特征》，《湖北成人教育学院学报》2004 年第 2 期。

［31］潘峰：《现代汉语基本颜色词的超常组合》，《黄冈师范学院学报》2006 年第 5 期。

［32］王宝利：《殷周金文颜色词探析》，《河南社会科学》2011 年 6 期。

［33］王杰：《解析颜色词"青"的色彩流变》，《时代文学》（下半月）2009 年第 11 期。

［34］王倩倩：《汉语颜色词构词分析》，《语文学刊》2010 年第 2 期。

［35］肖世孟：《先秦色彩研究》，北京：人民出版社 2013 年版。

［36］杨运庚：《今文〈周书〉颜色词研究——兼与甲骨文、金文、〈诗经〉比较》，《人文杂志》2013 年第 2 期。

［37］姚淦铭：《汉字文化思维》，北京：首都师范大学出版社 2008 年版。

［38］姚小平：《基本颜色词理论述评——兼论汉语基本颜色词的演变史》，《外语教学与研究》1988 年第 1 期。

［39］叶军：《现代汉语色彩词研究》，呼和浩特：内蒙古人民出版社 2001 年版。

［40］于逢春：《论汉语颜色词的人文性特征》，《东北师大学报》1999 年第 5 期。

［41］于逢春：《论民族文化对颜色词的创造及其意义的影响》，《吉林大学社会科学学报》2000 年第 5 期。

［42］赵晓驰：《隋前汉语颜色词研究》，苏州大学博士学位论文，2010 年。

［43］朱玲、肖莉:《色彩认知修辞化——表色汉字义符类别和"颜""色"语义演变》,《江汉大学学报》(人文科学版)2006年第4期。

［44］中国大百科全书总编辑委员会编:《中国大百科全书》,北京:中国大百科全书出版社2009年版。

［45］维舟试望故国,http://bbs. tianya. cn/post-books-56531-1. shtml2005-01-1709:53:00。

［46］象形字典,http://www. vividict. com。

后　记

　　2013 年春节期间，我通过电话接受了主编张玉金教授的邀请，承担了"汉字中国"丛书中《汉字与色彩》的撰写任务。原以为简单，一经查阅资料，便开始起草提纲，在编写样章时，才知道这一主题并不好写。一是色彩比较抽象，常用的色彩字只有"黑、白、红、黄、青、绿、蓝、灰、褐、紫、棕"等十几个，其他古代表色名物字大多变成了历史字，如此，资料不多，分类也很有限；二是丛书要求通俗易懂，又不失学术性，这个分寸也很难把握。书中引用的古文献很多，是否都得转写出来？这些问题一直困扰着我。在暨南大学出版社组织的写作碰头会上，通过集思广益，得到了与会人员的宝贵建议，我的思路才逐渐清晰起来。在分类、研读已有成果的基础上，重新修改提纲，边写边学，一直到 10 月才定稿。今年国庆黄金周前，突然收到张玉金教授和暨南大学出版社提出的修改意见，使这一本小书在编写了一年之后又重新呈现在我的电脑上。足不出户，集中精力，经过我十多天的针对性修改，终于改定。

　　小书吸收了前人时贤的很多成果，文中已经作出了一些引用说明，但大多数并未一一点出，只列入参考文献，本人在此特表感谢。

感谢暨南大学出版社组织并出版本书，特别感谢主编张玉金教授的指导，策划编辑杜小陆、刘晶老师的周到安排，还特别感谢细心审稿的责任编辑王雅琪以及责任校对范小娜女士。谨在此向为此书出版而付出辛劳的各位先生、女士致以深深的谢忱。

限于学识和水平，本书一定还存在一些问题，敬请专家同仁批评指正。

郑继娥

2015. 10